初級中国語
Ⅰ・Ⅱ＋補講

小川郁夫 著

白帝社

本書で🎧マークがついた部分の中国語は，音声データ（MP3）を無料でダウンロードできます。ファイルはZIP形式で圧縮された形でダウンロードされます。

アクセスについて
◎パソコンから
　　次のサイトにアクセスする。
　　http://www.hakuteisha.co.jp/audio/syokyu1.2.hokou.html

◎スマートフォンから
　　※別途ダウンロードアプリや解凍アプリ（Clipboxなど）が必要です。
　　上記URLを直接入力するか，下のQRコードでアクセスする。

※デジタルオーディオプレーヤーに転送して聞く場合は，各製品の取り扱い説明書やヘルプ機能によってください。
※各機器と再生ソフトに関する技術的なご質問は，各メーカーにお願いいたします。
※ダウンロードがご不便な場合は，音声を入れたCD-Rを実費にて承ります。下記までご連絡ください。
　　㈱白帝社　電話03-3986-3271　E-mail:info@hakuteisha.co.jp
※本書及び本書の音声は著作権法で保護されています。

まえがき

　1年間の授業（前期・後期各15回）で，中国語を効率よく教えるためにこれまでいろいろ試みてきましたが，なかなかうまくいきません。本書でまた新しい試みを加えてみました。

　本書は『Ⅰ』『Ⅱ』『補講』の3部からなります。『Ⅰ』では「前半の12課」として基礎を学びます。『Ⅱ』では「後半の10課」として初級レベルを学びます。どちらも半期の授業で消化可能ですが，中級への足がかりとして「補講2課」を加えました。半期の授業で余裕をもって『Ⅰ』を終了できる場合は，次の半期を待たずに『Ⅱ』に進んでください。後半の半期の授業で『Ⅱ』をじっくり学ぶ場合は，無理に『補講』に進む必要はありません。中級への導入として利用してください。

　各課は「課文」「要点」「練習」からなります。表現・文法を学びながら，単語力をつける工夫をほどこしました。

　付録の「ピンインなしで読んでみよう」「ピンインを漢字に改めよう」は家庭学習用です。「小辞典兼索引」には本書に登場する単語の品詞と意味を載せ，登場する頁を示しました。品詞の略号は下のとおりです。

　いつもテキスト出版の機会を与えてくださる佐藤康夫社長をはじめ，小原恵子さん，岸本詩子さん，そして白帝社のすべてのかたに心より感謝いたします。

2015年11月　小川郁夫

名	名詞		動	動詞
形	形容詞		代	代詞（代名詞など）
疑	疑問詞		副	副詞
数	数詞		量	量詞（助数詞）
方	方位詞		介	介詞（前置詞）
助動	助動詞		助	助詞
接	接続詞		数量	数量詞
感	感嘆詞		接頭	接頭辞
接尾	接尾辞			

目次

まえがき　　　　　　　　　　3

『初級中国語 I 』前半の12課

授業開始　　　　　　　　　　8

第一课　こんにちは！　　9
1．簡体字
2．ピンイン"拼音 pīnyīn"
3．声調
4．変調（1）
5．音節
6．「中国語」「漢語」「普通話」

第二课　ありがとう　　13
1．基本母音
2．無気音と有気音
3．軽声
4．変調（2）

第三课　1，2，3，4　　17
1．子音"zh, ch, sh, r""z, c, s"
2．複雑な母音（1）
3．複雑な母音（2）
4．ピンイン表記上の注意
5．声調記号をつける位置
6．隔音記号

第四课　最近元気ですか？　　21
1．肯定文・否定文・疑問文
2．形容詞を用いる文
3．動詞を用いる文
4．第3声の連続による変調

第五课　お名前は？　　25
1．動詞＋目的語
2．疑問詞"什么"
3．副詞"也"
4．"请…"
5．名前の尋ね方と答え方
6．様々な「こんにちは」

第六课　これは何ですか？　　29
1．物を指す代名詞（疑問詞を含む）（1）
2．人を指す代名詞
3．"A是B"
4．助詞"的"（1）
5．副詞"都"

第七课　兄弟がいますか？　　33
1．場所を指す代名詞（疑問詞を含む）
2．"有"を用いる文（1）
3．量詞
4．変調（3）
5．語気助詞"的""了le"

第八课　何がありますか？　　37
1．方位詞

2．"有"を用いる文（2）
　　3．疑問詞"几""多少 duōshao"
　　4．接続詞"和"

第九課　何月何日？　　　　41
　　1．月日の言い方
　　2．曜日の言い方
　　3．「4月4日」「4か月」
　　　「4日間」
　　4．助詞"的"（2）

第十課　何時？　　　　　　45
　　1．時刻の言い方
　　2．「1時20分」「1時間」
　　　「20分間」
　　3．年齢の言い方
　　4．「いつ…する」

第十一課　値段はいくら？　49
　　1．物を指す代名詞（疑問詞を
　　　含む）（2）
　　2．「この…」「その…」「どの
　　　…」
　　3．値段の言い方
　　4．「100」以上の数

第十二課　最近どうですか？　53
　　1．「AはBが…だ」
　　2．「…しに行く」「…しに来る」
　　3．"怎么""怎么样"など
　　4．"…了"
　　5．語気助詞"吧"

『初級中国語Ⅱ』後半の10課

授業再開　　　　　　　　　58

第十三課　好きですか？　　59
　　1．動詞"喜欢"
　　2．"给"の用法
　　3．別れの言葉
　　4．アル化"儿化 érhuà"

第十四課　それとも？　　　63
　　1．"A，还是B？"
　　2．助動詞"会""能 néng"
　　　"可以 kěyǐ"
　　3．"怎么"の用法
　　4．動詞"教"
　　5．動詞の重ね型

第十五課　私が作ったギョーザ 67
　　1．動詞＋"的"＋名詞
　　2．数量詞"一点儿"
　　　"一下 yíxià""一会儿 yíhuìr"
　　3．副詞"就"

第十六課　行ったことがある　71
　　1．動詞＋"过"
　　2．動詞"想""打算"
　　3．動作の回数を表す量詞

第十七課　どこで働いていますか？
　　　　　　　　　　　　　75
　　1．"在"の用法
　　2．語気助詞"呢"
　　3．介詞"跟"

4．複数の発音を持つ漢字

第十八課　買い物に行きたい　79
　　1．"要"の用法
　　2．"多"の用法
　　3．文末の"了"（1）

第十九課　買い物に行きましたか？
　　　　　　　　　　　　　　　83
　　1．"了"「…した」「…している」
　　2．文末の"了"（2）
　　3．動詞＋"了"
　　4．再び文末の"了"

第二十課　何をしているの？　87
　　1．2種類の「…している」
　　2．「雨が降る」など
　　3．動詞"送"
　　4．注意すべき量詞

第二十一課　なん年生まれですか？
　　　　　　　　　　　　　　　91
　　1．"是…的"の文
　　2．干支の言い方
　　3．介詞"比"

第二十二課　誕生日おめでとう！
　　　　　　　　　　　　　　　95
　　1．"一"の省略
　　2．「はやい」「おそい」
　　3．方向補語
　　4．"祝你…"

『初級中国語　補講』補講2課

補講開始　　　　　　　　　100

第二十三課　やり終えましたか？
　　　　　　　　　　　　　　101
　　1．結果補語
　　2．可能補語
　　3．"慢慢儿"など
　　4．"没…"

第二十四課　話すのが上手だ　105
　　1．状態補語
　　2．語気助詞"啊"
　　3．動詞"覚得"
　　4．助詞"的""得""地"

付　録

ピンインなしで読んでみよう　109
ピンインを漢字に改めよう　　116
小辞典兼索引　　　　　　　　124
音節表　　　　　　　　　　　140
中国地図　　　　　　　　　　142

I

『初級中国語Ⅰ』
前半の12課

授業開始

老师：同学们　　好！
lǎoshī: Tóngxuémen hǎo!

　　　　现在　开始　上课。
　　　　Xiànzài kāishǐ shàngkè.

　　　　我们　先　点名。
　　　　Wǒmen xiān diǎnmíng.

　　　　高村　里美！
　　　　Gāocūn Lǐměi!

里美：到！
Lǐměi: Dào!

先生：みなさん，こんにちは！
　　　いまから授業を始めます。
　　　まず出席をとりましょう。
　　　高村里美（たかむら・さとみ）さん！
里美：はい！

第 一 课　こんにちは！
Dì-yī kè

课文　Kèwén

(03) ① 老师：你 好！
　　lǎoshī: Nǐ hǎo!

　　里美：老师　好！
　　Lǐměi: Lǎoshī hǎo!

(04) ② 老师：再见！
　　lǎoshī: Zàijiàn!

　　里美：老师　再见！
　　Lǐměi: Lǎoshī zàijiàn!

語句

第一课 dì-yī kè 第1課。
课文 kèwén 名 教科書の本文。
①
老师 lǎoshī 名 先生。
你 nǐ 代 あなた。
好 hǎo 形 ①よい。②元気だ。

里美 Lǐměi 名 里美（さとみ）。日本人の名前。
②
再见 zàijiàn 動 また会う。さようなら。

🎧 要点

1. 簡体字（かんたいじ）

中国では簡体字と呼ばれる漢字を使っています。「　」内は日本の漢字です。

　　课「課」　　　　　师「師」　　　　　见「見」

2. ピンイン"拼音 pīnyīn"

中国語の発音は，ピンイン"拼音 pīnyīn"と呼ばれるローマ字で学びます。中国語の文をピンインで表す場合，単語ごとに分けて書きます。文頭や固有名詞の最初のローマ字は大文字で表します。

　　你好！　Nǐ hǎo!
　　里美　　Lǐměi

3. 声調（せいちょう）

中国語の発音には音の高低や上げ下げの調子があり，これを声調といいます。4種類あるので，四声（しせい）ともいいます。4種類の声調を順に第1声，第2声，第3声，第4声といい，ピンインに "－ ́ ̌ ̀"の記号をつけて表します。この記号を声調記号といいます。"i"に声調記号をつけるときは"・"を省略します。

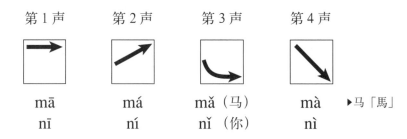

第1声	第2声	第3声	第4声
mā	má	mǎ（马）	mà　▶马「馬」
nī	ní	nǐ（你）	nì

🎧05　**練習**　上のピンインを，声調（四声）に気をつけて発音しなさい。

4. 変調（1）

　声調が変化することを変調といいます。変調の規則は全部で3種類あります。まず，第3声の連続に関する変調を覚えましょう。第3声が2つ連続するときは，前の第3声が第2声に変調します。

$$\vee + \vee \rightarrow \acute{} + \vee$$

你好！　Nǐ hǎo!　→　Ní hǎo!
里美　　Lǐměi　→　Líměi

5. 音節

　"mā" "nǐ" などを音節といいます。中国語では，1つの音節が1つの漢字の発音を表します。"m" "n" などを子音（声母）といいます。"a" "i" などを母音（韻母）といいます。

6.「中国語」「漢語」「普通話」

　「中国語」のことを中国語で"汉语 Hànyǔ"と言います。"汉语"は「漢語」の簡体字で，漢民族の言語という意味です。これから学ぶ"汉语"は，"普通话 pǔtōnghuà"と呼ばれる中国語の共通語です。

练习 Liànxí

1. 声調（四声）に気をつけて発音しなさい。③の"shi"は舌先をそり上げて発音します。

① hāo　　　háo　　　hǎo（好）　　hào
② lāo　　　láo　　　lǎo（老）　　lào
③ shī（师）　shí　　　shǐ　　　　shì
④ lī　　　　lí　　　　lǐ（里）　　lì
⑤ mēi　　　méi　　　měi（美）　　mèi

2. 変調に気をつけて発音しなさい。

① 你好！ Nǐ hǎo! → Ní hǎo!
② 你早！ Nǐ zǎo! → Ní zǎo!　▶早「早い」
③ 很好　 hěn hǎo → hén hǎo　▶很「とても」
④ 很早　 hěn zǎo → hén zǎo

3. 日本の漢字を簡体字に改めなさい。

① 課 _____
② 見 _____
③ 馬 _____
④ 練 _____
⑤ 習 _____

4. ピンインを参考にして（ ）内に単語を書きなさい。

① lǎoshī （　　　）名 先生。
② zàijiàn （　　　）動 また会う。さようなら。
③ Hànyǔ （　　　）名 中国語。

第 二 课　　ありがとう
Dì-èr kè

课文 Kèwén

08 ① 老师： 谢谢。
　　　lǎoshī: Xièxie.

　　　里美： 不　客气。
　　　Lǐměi: Bú　kèqi.

09 ② 老师： 对不起！
　　　lǎoshī: Duìbuqǐ!

　　　里美： 没　关系。
　　　Lǐměi: Méi　guānxi.

語句　/はどちらで読んでもよいことを示す。

二 èr 数 2。
①
谢谢 xièxie 動 感謝する。ありがとう。
不 bù 副 …でない。…しない。…するな。

客气 kèqi 動 遠慮する。
②
对不起 duìbuqǐ 動 申し訳がたたない。すみません。
没 méi 動 …がない。
关系 guānxi/guānxì 名 関係。

○ 要点

1. 基本母音

(10) 練習　第1声で発音しなさい。（　）内は子音と結合するときに用います。

ā　　　　ō　　　　ē
yī（i）　wū（u）　yū（ü）
ēr

(11) 練習　発音しなさい。

è　饿　▶「空腹だ」,「餓」の簡体字。
yī　一
wǔ　五
yú　鱼　▶「魚」
èr　二

2. 無気音（むきおん）と有気音（ゆうきおん）

　息を破裂させないように発音する子音を無気音といいます。それに対して，息を思い切り破裂させて発音する子音を有気音といいます。下の"b, d, g, j"が無気音，"p, t, k, q"が有気音です。子音は全部で21個ありますが，下の練習でまず14個覚えましょう。

(12) 練習　（　）内の母音をつけて第1声で発音しなさい。

無気音	有気音	無気・有気に関係なし	
b（ō）	p（ō）	m（ō）	f（ō）
d（ē）	t（ē）	n（ē）	l（ē）
g（ē）	k（ē）	h（ē）	
j（ī）	q（ī）	x（ī）	

3. 軽声 (けいせい)

四声のほかに本来の声調を失ったものがあり、それを軽声といいます。軽声は前の音節に続けて軽く短く発音します。軽声のピンインには声調記号をつけません。

第1声＋軽声　　第2声＋軽声　　第3声＋軽声　　第4声＋軽声

練習　軽声に気をつけて発音しなさい。

谢谢	xiè<u>xie</u>
客气	kè<u>qi</u>
对不起	duì<u>bu</u>qǐ
关系	guān<u>xi</u>

4. 変調（2）⇒ 11頁参照。

"不 bù"は後ろに第4声が続くとき、第2声"bú"に変調します。本書では、変調するときは変調後の声調で示します。

$$bù \; + \; \grave{ } \; \rightarrow \; bú \; + \; \grave{ }$$

不客气。　Bù kèqi.　→　<u>Bú</u> kèqi.
不在　　　bù zài　　→　<u>bú</u> zài　　▶在「ある、いる」
不是　　　bù shì　　→　<u>bú</u> shì　　▶是「そうである」

ありがとう

练习 Liànxí

1. 無気音と有気音に気をつけて発音しなさい。

① bā 八   pà 怕 ▶「恐れる」
② dà 大 ▶「大きい」   tǎ 塔
③ jī 鸡 ▶「鶏」   qī 七
④ jīqì 机器 ▶「機械」,「機器」の簡体字。

2. 変調に気をつけて発音しなさい。

① 不高 bù gāo   ▶高「高い」
② 不来 bù lái   ▶来「来る」
③ 不谢 bù xiè → bú xiè ▶谢「感謝する」
④ 不对 bù duì → bú duì ▶对「正しい」

3. 正しいピンインを下から選び（ ）内に書きなさい。

① 第（　）
② 课（　）
③ 一（　）
④ 二（　）
⑤ 五（　）

| dì èr kè wǔ yī |

4. 日本の漢字を簡体字に改めなさい。⑤に気をつけること。

① 気　＿＿＿
② 関　＿＿＿
③ 餓　＿＿＿
④ 魚　＿＿＿
⑤ 機　＿＿＿

第三课　1, 2, 3, 4
Dì-sānkè

课文　Kèwén

① 老师：一，　二，　三，　四。
　　lǎoshī：Yī,　èr,　sān,　sì.

　　里美：五，　六，　七，　八 …… 九，　十。
　　Lǐměi：Wǔ,　liù,　qī,　bā …… jiǔ,　shí.

② 老师：一月，　二月，　三月，　四月 ……
　　lǎoshī：Yīyuè,　èryuè,　sānyuè,　sìyuè ……

　　里美：十月，　十一月，　十二月。
　　Lǐměi：Shíyuè,　shíyīyuè,　shí'èryuè.

　　老师：一　号，　二　号，　三　号，　四　号 ……
　　lǎoshī：Yī　hào,　èr　hào,　sān　hào,　sì　hào ……

　　里美：三十　号，　三十一　号。
　　Lǐměi：Sānshí hào,　sānshíyī hào.

語句　　は既出。

三 sān 数 3。
①
一 yī 数 1。
二 èr 数 2。
四 sì 数 4。
五 wǔ 数 5。
六 liù 数 6。

七, 八 qī, bā　7, 8。
九, 十 jiǔ, shí　9, 10。
②
一月，二月… yīyuè, èryuè… 1月，2月…。

一号，二号… yī hào, èr hào… 1日，2日…。

17

◯ 要点

1. 子音 " zh, ch, sh, r " " z, c, s "

"zh, ch, sh, r" はそり舌音 (じたおん) と呼ばれ，舌先をそり上げて発音します。これらにつく "-i" は特殊な母音です。"z, c, s" につく "-i" はまた別の特殊な母音です。"zh, z" は無気音，"ch, c" は有気音です。

練習 特殊な母音 "-i" に気をつけて発音しなさい。

無気音	有気音	無気・有気に関係なし	
zhī	chī	shī	rī
zī	cī	sī	

そり舌音

2. 複雑な母音（1）

練習 第1声で発音しなさい。（ ）内は子音と結合するときに用います。

āi　　　　ēi　　　　āo　　　　ōu
yā（ia）　yē（ie）　yāo（iao）　yōu（iou）
wā（ua）　wō（uo）　wāi（uai）　wēi（uei）
yuē（üe）

3. 複雑な母音（2）

練習 "-n" "-ng" に気をつけて，第1声で発音しなさい。（ ）内は子音と結合するときに用います。

ān　　　　　ēn　　　　　āng　　　　　ēng　　　　　ōng
yān(ian)　yīn(in)　　yāng(iang)　yīng(ing)　yōng(iong)
wān(uan)　wēn(uen)　wāng(uang)　wēng(ueng)
yuān(üan)　yūn (ün)

18　第三课　Dì-sān kè

4. ピンイン表記上の注意

① "i" "u" "ü" で始まる母音は，子音と結合しないとき，それぞれ "y" "w" "yu" で始まるように書きます。

 一 yī ← i 五 wǔ ← u 雨 yǔ ← ü
 药 yào ← iao 万 wàn ← uan 月 yuè ← üe

 ▶药「薬」

② "iou" が子音と結合するときは，"o" を書きません。
 "uei" が子音と結合するときは，"e" を書きません。
 "uen" が子音と結合するときは，"e" を書きません。

 六 liù ← liou 对 duì ← duei 村 cūn ← cuen

③ "j, q, x" の後ろに "ü" が続くときは，"¨" を省略します。

 句 jù ← j + ü 群 qún ← q + ün 雪 xuě ← x + üe

5. 声調記号をつける位置

① 母音が1つのときはその母音の上に。 八 bā 十 shí
② 母音が複数あるときは，
 (1) "a" があれば，"a" の上に。 猫 māo 花 huā
 (2) "a" がなければ，"o" か "e" の上に。 手 shǒu 鞋 xié
             ▶鞋「くつ」
 (3) "iu" "ui" は後ろの母音の上に。 酒 jiǔ 水 shuǐ

6. 隔音（かくおん）記号

後ろの音節が "a, o, e" で始まるときは，隔音記号 " ' " を加えます。

 平安 píng'ān 海鸥 hǎi'ōu「かもめ」 十二 shí'èr

○ 练习　Liànxí

1. 21個の子音に（　）内の母音をつけて，第1声で発音しなさい。

b (ō)	p (ō)	m (ō)	f (ō)
d (ē)	t (ē)	n (ē)	l (ē)
g (ē)	k (ē)	h (ē)	
j (ī)	q (ī)	x (ī)	
zh (ī)	ch (ī)	sh (ī)	r (ī)
z (ī)	c (ī)	s (ī)	

2. 発音しなさい。

① 这　zhè　▶「これ，この」
② 车　chē　▶「車」
③ 蛇　shé
④ 热　rè　▶「熱い，暑い」
⑤ 再　zài　▶「再び」
⑥ 菜　cài　▶「料理」

3. 発音しなさい。

① 慢　màn　▶「（速度が）遅い」
② 忙　máng　▶「忙しい」
③ 冷　lěng　▶「冷たい，寒い」
④ 龙　lóng　▶「竜」，「龍」の簡体字。

4. 発音しなさい。

① 见　jiàn　▶「会う」
② 钱　qián　▶「お金」，「錢」の簡体字。
③ 先　xiān　▶「先に」
④ 盐　yán　▶「塩」
⑤ 羊　yáng

第 四 课　　最近元気ですか？
Dì-sì kè

课文　Kèwén

① 老师：你　最近　好　吗？
　　lǎoshī：Nǐ　zuìjìn　hǎo　ma？

　　里美：我　很　好，　谢谢。
　　Lǐměi：Wǒ　hěn　hǎo，　xièxie.

② 老师：你　累　不　累？
　　lǎoshī：Nǐ　lèi　bú　lèi？

　　里美：我　不　累。
　　Lǐměi：Wǒ　bú　lèi.

③ 老师：你　懂　不　懂？
　　lǎoshī：Nǐ　dǒng　bù　dǒng？

　　里美：我　不　懂。
　　Lǐměi：Wǒ　bù　dǒng.

語句　　は既出。

①
你 nǐ 代 あなた。
最近 zuìjìn 名 最近。
好 hǎo 形 ①よい。②元気だ。
吗 ma 助 …か？疑問の語気を表す。
我 wǒ 代 私。
很 hěn 副 とても。

谢谢 xièxie 動 感謝する。ありがとう。
②
累 lèi 形 疲れている。
不 bù 副 …でない。…しない。…するな。
③
懂 dǒng 動 分かる。理解する。

要点

1. 肯定文・否定文・疑問文
"不"は否定を表します。疑問文は文末に"吗"を置くほか,「肯定＋否定」でも表せます。

是。　　Shì.
不是。　Bú shì.
是吗？　Shì ma?　＝　是不是？

对。　　Duì.
不对。　Bú duì.
对吗？　Duì ma?　＝　对不对？

好。　　Hǎo.
不好。　Bù hǎo.
好吗？　Hǎo ma?　＝　好不好？

行。　　Xíng.　▶行「よい，かまわない」
不行。　Bù xíng.
行吗？　Xíng ma?　＝　行不行？

2. 形容詞を用いる文

你忙吗？　　Nǐ máng ma?　＝　你忙不忙？
我很忙。　　Wǒ hěn máng.
我非常忙。　Wǒ fēicháng máng.　▶非常「非常に」
我不忙。　　Wǒ bù máng.
我不太忙。　Wǒ bú tài máng.　▶不太「あまり…でない」

你高兴吗？　Nǐ gāoxìng ma?　＝　你高兴不高兴？
　▶高兴「嬉しい，楽しい」

我很高兴。　　Wǒ hěn gāoxìng.
我不高兴。　　Wǒ bù gāoxìng.

3. 動詞を用いる文

你来吗？　　Nǐ lái ma?　　=　　你来不来？
我来。　　　Wǒ lái.
我不来。　　Wǒ bù lái.

你知道吗？　Nǐ zhīdào ma?　=　　你知道不知道？
　▶知道「知る，知っている」
我知道。　　Wǒ zhīdào.
我不知道。　Wǒ bù zhīdào.

4. 第3声の連続による変調 ⇒ 11頁参照。

　第3声が2つ連続するときは，前の第3声が第2声に変調します。第3声が3つ以上連続するときは，適当な個所で区切って変調させます。最後の第3声以外をすべて第2声に変調させることもあります。

很好。　　　　Hěn hǎo.
　　　　　　　→ Hén hǎo.
我很好。　　　Wǒ hěn hǎo.
　　　　　　　→ Wǒ hén hǎo.　　または　　Wó hén hǎo.
我也很好。　　Wǒ yě hěn hǎo.　▶也「…も，…もまた」
　　　　　　　→ Wó yě hén hǎo.　または　　Wó yé hén hǎo.

◯ 练习　Liànxí

1. 疑問文に対して，否定文で答えなさい。主語を"我"にかえること。

　　例) 你忙吗？　→　<u>我不忙。</u>　　（忙しくない）
　　① 你累吗？　→　_____　（疲れていない）
　　② 你饿吗？　→　_____　（空腹でない）
　　③ 你困吗？　→　_____　（眠くない）
　　　　▶困 kùn「眠い」
　　④ 你渴吗？　→　_____　（かわいていない）
　　　　▶渴 kě「のどがかわいている」

2. 「肯定＋否定」からなる疑問文に書き換えなさい。

　　例) 你来吗？　→　<u>你来不来？</u>　　（来ますか）
　　① 你去吗？　→　_____　（行きますか）
　　　　▶去 qù「行く」
　　② 你吃吗？　→　_____　（食べますか）
　　　　▶吃 chī「食べる」
　　③ 你喝吗？　→　_____　（飲みますか）
　　　　▶喝 hē「飲む」
　　④ 你明白吗？　→　_____　（分かりますか）
　　　　▶明白 míngbai「分かる」

3. ピンインを参考にして（ ）内に単語を書きなさい。

　　① hěn　　　（　　　）副　とても。
　　② dǒng　　（　　　）動　分かる。理解する。
　　③ gāoxìng　（　　　）形　嬉しい。楽しい。
　　④ zhīdào　　（　　　）動　知る。知っている。

第 五 课　　お名前は？
Dì-wǔ kè

课文 Kèwén

① 老师： 你　叫　什么？
　　lǎoshī： Nǐ　jiào　shénme?

　里美： 我　叫　高村　里美。
　Lǐměi： Wǒ　jiào　Gāocūn Lǐměi.

② 老师： 我　叫　李　健。　认识　你，　我　很　高兴。
　　lǎoshī： Wǒ jiào Lǐ Jiàn.　Rènshi nǐ,　wǒ hěn gāoxìng.

　里美： 认识　您，　我　也　很　高兴。　请　多
　Lǐměi： Rènshi nín,　wǒ yě hěn gāoxìng.　Qǐng duō

　関照。
　guānzhào.

語句　　は既出。

①
叫 jiào 動 …という名前だ。
什么 shénme 疑 何。何の。どんな。
高村里美 Gāocūn Lǐměi 名 高村里美（たかむら・さとみ）。日本人の姓名。

②
李健 Lǐ Jiàn 名 李健（り・けん）。中国人の姓名。

认识 rènshi 動（人を）知る。（人を）知っている。
高兴 gāoxìng 形 嬉しい。楽しい。
您 nín 代 あなた。丁寧な言い方。
也 yě 副 …も。…もまた。
请 qǐng 動 どうぞ。どうぞ…してください。
多 duō 形 多い。副 多く。
关照 guānzhào 動 面倒をみる。

◯ 要点

1. 動詞＋目的語

你吃饺子吗？　　　Nǐ chī jiǎozi ma?　　▶饺子「ギョーザ」
我吃饺子。　　　　Wǒ chī jiǎozi.
我不吃饺子。　　　Wǒ bù chī jiǎozi.

你去中国吗？　　　Nǐ qù Zhōngguó ma?
我去中国。　　　　Wǒ qù Zhōngguó.
我不去中国。　　　Wǒ bú qù Zhōngguó.

你在家吗？　　　　Nǐ zài jiā ma?
我在家。　　　　　Wǒ zài jiā.
我不在家。　　　　Wǒ bú zài jiā.

你认识李老师吗？　　Nǐ rènshi Lǐ lǎoshī ma?
我认识李老师。　　　Wǒ rènshi Lǐ lǎoshī.
我不认识李老师。　　Wǒ bú rènshi Lǐ lǎoshī.

2. 疑問詞"什么"

"什么"は「何」という意味です。後ろに名詞を置いて"什么…"とすると「何の…，どんな…」という意味になります。

你吃什么？　　Nǐ chī shénme?
你吃什么菜？　Nǐ chī shénme cài?
你喝什么？　　Nǐ hē shénme?
你喝什么茶？　Nǐ hē shénme chá?

3. 副詞"也"

"也"は「…も，…もまた」という意味の副詞です。"很""不"も副詞ですが，副詞は形容詞や動詞の前に置きます。

```
我也忙。      Wǒ yě máng.
我也很忙。    Wǒ yě hěn máng.
我也吃。      Wǒ yě chī.
我也不吃。    Wǒ yě bù chī.
```

4. "请…"

"请"だけでも「どうぞ」という意味で使います。後ろに動詞を置いて"请…"とすると「どうぞ…してください」という意味になります。

```
请进。       Qǐng jìn.      ▶进「入る」
请坐。       Qǐng zuò.      ▶坐「座る」
请喝茶。     Qǐng hē chá.
```

5. 名前の尋ね方と答え方

初対面の人には普通，姓だけを尋ねます。

```
您贵姓？     Nín guìxìng?        ▶贵姓「お名前」
我姓高村。   Wǒ xìng Gāocūn.     ▶姓「…という姓だ」
```

フルネームを尋ねるときには，次のように言います。

```
你叫什么［名字］？    Nǐ jiào shénme [míngzi]?    ▶名字「名前」
我叫高村里美。        Wǒ jiào Gāocūn Lǐměi.
```

「彼」「彼女」の名前を尋ねるときには，次のように言います。

```
他姓什么？   Tā xìng shénme?    ▶他「彼」
她叫什么？   Tā jiào shénme?    ▶她「彼女」
```

6. 様々な「こんにちは」

```
您好！         Nín hǎo!
老师好！       Lǎoshī hǎo!
你们好！       Nǐmen hǎo!       ▶你们「あなたたち」
大家好！       Dàjiā hǎo!       ▶大家「みなさん」
同学们好！     Tóngxuémen hǎo!  ▶同学「同級生」  ▶们「…たち」
```

◯ **练习** Liànxí

1. 自分の姓とフルネームを中国語で言いなさい。

我姓 ＿＿＿＿＿＿＿＿。　　　　　Wǒ xìng ….

我叫 ＿＿＿＿＿＿＿ ＿＿＿＿＿＿＿。　　Wǒ jiào ……．

2.「李健」先生（男性）について，次の質問に答えなさい。

① 他姓什么？　Tā xìng shénme?

＿＿＿＿＿＿＿＿＿＿

② 他叫什么？　Tā jiào shénme?

＿＿＿＿＿＿＿＿＿＿

3.「高村里美」さん（女性）について，次の質問に答えなさい。

① 她姓什么？　　Tā xìng shénme?

＿＿＿＿＿＿＿＿＿＿

② 她叫什么名字？　Tā jiào shénme míngzi?

＿＿＿＿＿＿＿＿＿＿

4. ピンインを参考にして（　）内に単語を書きなさい。

① rènshi　　（　　　　）動（人を）知る。（人を）知っている。
② qǐng　　　（　　　　）動 どうぞ。どうぞ…してください。
③ guānzhào （　　　　）動 面倒をみる。
④ guìxìng　 （　　　　）名 お名前。
⑤ dàjiā　　　（　　　　）代 みなさん。
⑥ tóngxué　 （　　　　）名 同級生。

5."他来日本。Tā lái Rìběn."を次の意味の文に書き換えなさい。

① 彼は日本に来ない。　＿＿＿＿＿＿＿＿＿＿＿＿＿

② 彼も日本に来る。　　＿＿＿＿＿＿＿＿＿＿＿＿＿

第六课　これは何ですか？
Dì-liù kè

课文 Kèwén

① 老师：这　是　什么？
　　lǎoshī: Zhè shì shénme?

　里美：这　是　汉语　课本。
　Lǐměi: Zhè shì Hànyǔ kèběn.

② 老师：他　是　谁？
　　lǎoshī: Tā shì shéi?

　里美：他　是　我　的　同学。
　Lǐměi: Tā shì wǒ de tóngxué.

　老师：你们　都　是　日本人　吗？
　lǎoshī: Nǐmen dōu shì Rìběnrén ma?

　里美：是，我们　都　是　日本人。
　Lǐměi: Shì, wǒmen dōu shì Rìběnrén.

語句　　は既出。/はどちらで読んでもよいことを示す。

①
这 zhè 代 これ。この。
是 shì 動 そうである。…である。
汉语 Hànyǔ 名 中国語。
课本 kèběn 名 教科書。テキスト。
②
他 tā 代 彼。
谁 shéi/shuí 疑 誰。
的 de 助 …の。…のもの。

同学 tóngxué 名 同級生。
你们 nǐmen 代 あなたたち。
都 dōu 副 すべて。みな。どちらも。
日本人 Rìběnrén 名 日本人。
吗 ma 助 …か？疑問の語気を表す。
我们 wǒmen 代 私たち。

◯ 要点

1. 物を指す代名詞（疑問詞を含む）（1）

日本語では「これ」「それ」「あれ」の3種類がありますが，中国語では近い物は"这"で，遠い物は"那"で表します。"哪"は疑問詞で「どれ，どの」という意味です。"…些"は複数形です。

这	zhè	那	nà	哪	nǎ
这些	zhèxiē	那些	nàxiē	哪些	nǎxiē

2. 人を指す代名詞

「私」「あなた」などに当たる語です。「彼」「彼女」は"他""她"で漢字は違いますが，発音は同じです。"们"は「…たち」という意味で，人間の複数を表します。

我	wǒ	你	nǐ	他	tā	她	tā
我们	wǒmen	你们	nǐmen	他们	tāmen	她们	tāmen

「あなた」には丁寧な言い方の"您 nín"もあります。「私たち」には"咱们 zánmen"もありますが，これは話し相手を含んだ言い方です。

3. "A 是 B"

「AはBである」は"A 是 B"で表します。否定形は"A 不是 B"です。

这是什么？	Zhè shì shénme?
这是课本。	Zhè shì kèběn.
这是课本吗？	Zhè shì kèběn ma?
是，这是课本。	Shì, zhè shì kèběn.
不是，这不是课本。	Bú shì, zhè bú shì kèběn.
他是谁？	Tā shì shéi?
他是李老师。	Tā shì Lǐ lǎoshī.

他是李老师吗？　　　　Tā shì Lǐ lǎoshī ma?
是，他是李老师。　　　Shì, tā shì Lǐ lǎoshī.
不是，他不是李老师。　Bú shì, tā bú shì Lǐ lǎoshī.

4. 助詞"的"（1）

"…的～"は「…の～」という意味です。"～"を省略して"…的"とすると「…のもの」という意味になります。

这是谁的书？　Zhè shì shéi de shū?　▶书「本，書物」
这是我的书。　Zhè shì wǒ de shū.
这是我的。　　Zhè shì wǒ de.

5. 副詞"都"

"都"は「すべて」という意味の副詞です。副詞が複数使われたときの語順に注意しましょう。

这些都是我的。　　　Zhèxiē dōu shì wǒ de.
这些也都是我的。　　Zhèxiē yě dōu shì wǒ de.
这些都不是我的。　　Zhèxiē dōu bú shì wǒ de.

他们都是中国人。　　Tāmen dōu shì Zhōngguórén.
他们也都是中国人。　Tāmen yě dōu shì Zhōngguórén.
他们都不是中国人。　Tāmen dōu bú shì Zhōngguórén.

我们不都是日本人。　Wǒmen bù dōu shì Rìběnrén.
　▶不都是「すべてが…というわけではない」

○ 练习　Liànxí

1. 軽声に気をつけて発音しなさい。

① 我的　wǒ de
② 你的　nǐ de
③ 他的　tā de
④ 谁的　shéi de

2. 日本語に訳しなさい。

① 这是什么书？　Zhè shì shénme shū?

② 他是哪国人？　Tā shì nǎ guó rén?

③ 她也是汉语老师。　Tā yě shì Hànyǔ lǎoshī.

④ 这些都不是日语课本。　Zhèxiē dōu bú shì Rìyǔ kèběn.
　▶日语「日本語」

3. 対話の意味を考え、発音しなさい。

A：这是你的电脑吗？　　Zhè shì nǐ de diànnǎo ma?
　▶电脑「パソコン」
B：对，这是我的电脑。　Duì, zhè shì wǒ de diànnǎo.
A：那也是你的电脑吗？　Nà yě shì nǐ de diànnǎo ma?
B：不，那不是我的。　　Bù, nà bú shì wǒ de.

4. 中国語に訳しなさい。

① それは何ですか？

② 彼女は誰ですか？

第七课　兄弟がいますか？
Dì-qī kè

课文 Kèwén

[34] ① 老师：你　家　在　哪儿？
　　 lǎoshī: Nǐ   jiā zài   nǎr?

　　 里美：我　家　在　学校　附近。
　　 Lǐměi: Wǒ jiā zài xuéxiào fùjìn.

[35] ② 老师：你　有　兄弟　姐妹　吗？
　　 lǎoshī: Nǐ yǒu xiōngdì jiěmèi ma?

　　 里美：有，我　有　一　个　哥哥。
　　 Lǐměi: Yǒu, wǒ yǒu yí   ge gēge.

　　 老师：你　哥哥　也　是　大学生　吗？
　　 lǎoshī: Nǐ gēge yě shì dàxuéshēng ma?

　　 里美：是　的。他　是　大学　四　年级　学生。
　　 Lǐměi: Shì de. Tā shì dàxué sì niánjí xuésheng.

語句　　は既出。／はどちらで読んでもよいことを示す。

①
家 jiā 名 家。家庭。
在 zài 動 （どこどこに）ある。（どこどこに）いる。
哪儿 nǎr 疑 どこ。
学校附近 xuéxiào fùjìn 学校の付近。学校の近く。

②
有 yǒu 動 持っている。…がある。…がいる。
兄弟姐妹 xiōngdì jiěmèi 兄弟姉妹。兄弟。
个 ge/gè 量 物や人を数える。
哥哥 gēge 名 兄。お兄さん。
也 yě 副 …も。…もまた。
大学生 dàxuéshēng 名 大学生。
的 de 助 ①…の。…のもの。②断定の語気を表す。
大学四年级 dàxué sì niánjí 大学4年生。
学生 xuésheng/xuéshēng 名 学生。

◯ 要点

1. 場所を指す代名詞（疑問詞を含む）

「ここ」「そこ」「どこ」に当たる語です。"…儿""…里"の2種類があります。"儿 r"の発音は前の音節を発音したあと、舌先をそり上げます。この音の変化をアル化"儿化 érhuà"といいます。

  这儿　zhèr   那儿　nàr   哪儿　nǎr
  这里　zhèlǐ   那里　nàlǐ   哪里　nǎlǐ

2. "有"を用いる文（1）

"有"は「…を持っている」「…がある」「…がいる」という意味です。"有"の否定形は"没有"です。"没有…"は単に"没…"とも言います。

  你有手机吗？ Nǐ yǒu shǒujī ma? ▶手机「携帯電話」
  我有手机。   Wǒ yǒu shǒujī.
  我没［有］手机。 Wǒ méi[yǒu] shǒujī.

  你有哥哥吗？ Nǐ yǒu gēge ma?
  我有哥哥。   Wǒ yǒu gēge.
  我没［有］哥哥。 Wǒ méi[yǒu] gēge.

3. 量詞（りょうし）

「1個」の「個」などに当たる語を量詞といいます。助数詞ともいいます。"个"は物だけでなく、人を数えるときにも使います。「2個」「ふたり」と言うときには、"二 èr"ではなく"两"を使います。

  一个梨 yí ge lí   两个梨 liǎng ge lí
  一个苹果 yí ge píngguǒ 两个苹果 liǎng ge píngguǒ
   ▶苹果「りんご」
  一个人 yí ge rén   两个人 liǎng ge rén
  一个学生 yí ge xuésheng 两个学生 liǎng ge xuésheng

4. 変調（3） ⇒ 11・15 頁参照。

"一 yī" は後ろに第1声または第2声または第3声が続くとき，第4声 "yì" に変調します。また，後ろに第4声が続くとき，第2声 "yí" に変調します。本書では，変調するときは変調後の声調で示します。

$$yī + \begin{cases} ˉ \\ ˊ \\ ˇ \end{cases} \rightarrow yì + \begin{cases} ˉ \\ ˊ \\ ˇ \end{cases}$$

$$yī + ˋ \rightarrow yí + ˋ$$

一张纸　yì zhāng zhǐ　▶张「平らな物を数える」▶纸「紙」
一条鱼　yì tiáo yú　▶条「細長い物を数える」
一本书　yì běn shū　▶本「書籍を数える」
一件事　yí jiàn shì　▶件「事柄を数える」

"一个" は "yí ge" と発音します。"个" がもともと第4声 "gè" だからです。"一" が「1番目」という意味のときは変調しません。数字を1つずつ読むときの "一" も変調しません。"二" は「2番目」，"两" は「ふたつ」という意味です。

第一课　dì-yī kè　　　　第二课　dì-èr kè
二〇一一年　èr líng yī yī nián　▶〇「0」
一月　　yīyuè　　　　　二月　　èryuè
一个月　yí ge yuè　　　两个月　liǎng ge yuè

5. 語気助詞 "的" "了 le"

文末に置いて語気を表す語を語気助詞といいます。"的" は断定の語気を，"了" はきっぱりと言い切る語気を表します。

是的。　　Shì de.
好的。　　Hǎo de.
对了。　　Duì le.
好了。　　Hǎo le.

○ 练习　Liànxí

1. 軽声に気をつけて発音しなさい。

① 爸爸　bàba　　　妈妈　māma　　▶「父」「母」
② 哥哥　gēge　　　姐姐　jiějie　　 ▶「姉」
③ 弟弟　dìdi　　　 妹妹　mèimei　▶「弟」「妹」
④ 爷爷　yéye　　　奶奶　nǎinai　　▶「祖父」「祖母」
⑤ 好的。　Hǎo de.
⑥ 对了。　Duì le.

2. "一"の変調に気をつけて発音しなさい。

① 一张票　yì zhāng piào　　▶票「チケット」
② 一条河　yì tiáo hé　　　 ▶河「川」
③ 一把伞　yì bǎ sǎn　　　 ▶把「握って使う物を数える」▶伞「傘」
④ 一座山　yí zuò shān　　 ▶座「どっしりとした物を数える」

3. （　）内に"二""两"のどちらかを入れなさい。

① 第（　）课　　（第2課）
② （　）月　　　（2月）
③ （　）本书　　（2冊の本）
④ （　）个人　　（ふたりの人）

4. 中国語に訳しなさい。

① あなたの家はどこにありますか？

② 私には兄がひとりいます。

第 八 课　何がありますか？
Dì-bā kè

课文　Kèwén

🎧38 ①　老师：你 的 房间 里 有 什么？
　　　lǎoshī：Nǐ de fángjiān lǐ yǒu shénme?

　　　里美：有 一 张 床、一 张 桌子、一 把
　　　Lǐměi：Yǒu yì zhāng chuáng、yì zhāng zhuōzi、yì bǎ

　　　椅子……
　　　yǐzi ……

🎧39 ②　老师：你 家 有 几 口 人？
　　　lǎoshī：Nǐ jiā yǒu jǐ kǒu rén?

　　　里美：我 家 有 四 口 人。爸爸、妈妈、
　　　Lǐměi：Wǒ jiā yǒu sì kǒu rén. Bàba, māma,

　　　哥哥 和 我。
　　　gēge hé wǒ.

語句　　は既出。／はどちらで読んでもよいことを示す。

①
房间 fángjiān 名 部屋。
里 lǐ/li 方 中。
什么 shénme 疑 何。何の。どんな。
张 zhāng 量 紙・ベッド・机など
　平らな面を持った物を数える。
床 chuáng 名 ベッド。
桌子 zhuōzi 名 机。テーブル。
把 bǎ 量 傘・鍵・椅子など握って
　使う物を数える。
椅子 yǐzi 名 椅子。

②
几 jǐ 疑 いくつ。数を尋ねる。
口 kǒu 量 家族の人数を数える。
人 rén 名 人。
爸爸 bàba 名 父。お父さん。
妈妈 māma 名 母。お母さん。
和 hé 接 …と〜。

● 要点

1. 方位詞

「上」「下」「前」「後ろ」などの意味を表す"…边"を方位詞といいます。

上边　shàngbian	下边　xiàbian
前边　qiánbian	后边　hòubian　▶「後ろ」
里边　lǐbian　▶「中」	外边　wàibian
东边　dōngbian　▶「東」	南边　nánbian
西边　xībian	北边　běibian
左边　zuǒbian	右边　yòubian
旁边　pángbiān　▶「横，隣」	

名詞の後ろに方位詞を置くと「…の上」「…の中」などの意味になります。"边"を省略することもあります。

桌子上边　zhuōzi shàngbian　＝　桌子上
床上边　　chuáng shàngbian　＝　床上
房间里边　fángjiān lǐbian　＝　房间里
公园里边　gōngyuán lǐbian　＝　公园里　▶公园「公園」

2. "有"を用いる文（2）⇒ 34 頁参照。

場所を表す言葉の後ろに"有…"を置くと，「どこどこに…がある」「どこどこに…がいる」という意味になります。

桌子上有很多课本。　Zhuōzi shàng yǒu hěn duō kèběn.
　▶很多「とても多くの」
教室里有很多学生。　Jiàoshì lǐ yǒu hěn duō xuésheng.

桌子上有什么？　　　Zhuōzi shàng yǒu shénme?
桌子上有一台电脑。　Zhuōzi shàng yǒu yì tái diànnǎo.

"有"の否定形は"没［有］"です。

 房间里有电视吗？ Fángjiān lǐ yǒu diànshì ma?
  ▶电视「テレビ」
 房间里没［有］电视。 Fángjiān lǐ méi[yǒu] diànshì.

 里边有人吗？   Lǐbian yǒu rén ma?
 里边没［有］人。 Lǐbian méi[yǒu] rén.

3．疑問詞"几""多少 duōshao"

どちらも数を尋ねる疑問詞です。"几"は数が少ないと思われるときに，"多少"は数が多いと思われるときに使います。"多少"の後ろの量詞は省略することもあります。

 你是大学几年级？ Nǐ shì dàxué jǐ niánjí?
 我是大学一年级。 Wǒ shì dàxué yī niánjí.

 你家有几口人？   Nǐ jiā yǒu jǐ kǒu rén?
 我家有四口人。   Wǒ jiā yǒu sì kǒu rén.

 你们班有多少［个］学生？ Nǐmen bān yǒu duōshao [ge] xuésheng?
 我们班有三十个学生。 Wǒmen bān yǒu sānshí ge xuésheng.

4．接続詞"和"

"A 和 B"で「A と B」という意味を表します。"A、B 和 C"のようにいくつか並べるときには，記号"、"を用います。

 爸爸和妈妈   bàba hé māma
 爸爸、妈妈和我 bàba、māma hé wǒ
 中国和韩国   Zhōngguó hé Hánguó ▶韩国「韓国」
 中国、韩国和日本 Zhōngguó、Hánguó hé Rìběn

○ 练习　Liànxí

1. 軽声に気をつけて発音しなさい。

　① 桌子　zhuōzi
　② 孩子　háizi　　▶「子ども」
　③ 椅子　yǐzi
　④ 个子　gèzi　　▶「背丈」

2. 適当な量詞を下から選び（　）内に入れなさい。

　① 一（　　）地图　▶地图 dìtú「地図」
　② 两（　　）杂志　▶杂志 zázhì「雑誌」
　③ 一（　　）钥匙　▶钥匙 yàoshi「鍵，キー」
　④ 两（　　）弟弟

　　　把、本、个、张

3. 対話の意味を考え，発音しなさい。"在""有"の違いに気をつけること。

　A：美术馆在哪儿？　　Měishùguǎn zài nǎr?　　▶美术馆「美術館」
　B：在公园里边。　　　Zài gōngyuán lǐbian.

　A：公园里边有什么？　　Gōngyuán lǐbian yǒu shénme?
　B：有美术馆、图书馆……　Yǒu měishùguǎn、túshūguǎn……
　　　▶图书馆「図書館」

4. 中国語に訳しなさい。

　① 部屋の中に何がありますか？

　② あなたの家は何人家族ですか？

第 九 课　　何月何日？
Dì-jiǔ kè

课文　Kèwén

① 老师：里美，你 的 生日 是 几月 几号？
　　lǎoshī：Lǐměi, nǐ de shēngrì shì jǐyuè jǐ hào?

　　里美：我 的 生日 是 一月 一 号。
　　Lǐměi：Wǒ de shēngrì shì yīyuè yī hào.

　　老师：是 吗？
　　lǎoshī：Shì ma?

　　里美：李 老师，您 的 手机 号码 是 多少？
　　Lǐměi：Lǐ lǎoshī, nín de shǒujī hàomǎ shì duōshao?

　　老师：〇 九 〇－一 二 三 四－五 六 七 八。
　　lǎoshī：Líng jiǔ líng－yī èr sān sì－wǔ liù qī bā.

　　里美：真 的?！
　　Lǐměi：Zhēn de?!

② 老师：今天 星期几？
　　lǎoshī：Jīntiān xīngqījǐ?

　　里美：今天 星期三。
　　Lǐměi：Jīntiān xīngqīsān.

語句　　は既出。

①
生日 shēngrì 名 誕生日。
几月几号 jǐyuè jǐ hào 何月何日。
您 nín 代 あなた。丁寧な言い方。
手机号码 shǒujī hàomǎ 携帯電話の番号。
多少 duōshao 疑 いくつ。数を尋ねる。
〇 líng 数 0。
真的 zhēn de 本当のこと。

②
今天 jīntiān 名 今日。
星期几 xīngqījǐ 疑 何曜日。
星期三 xīngqīsān 名 水曜日。

◯ 要点

1. 月日の言い方

月日を言うとき，"是"は省略可能です。"号"の代わりに"日 rì"を使うのは書き言葉です。

　　今天［是］几月几号？　　Jīntiān [shì] jǐyuè jǐ hào?
　　今天［是］七月七号。　　Jīntiān [shì] qīyuè qī hào.

"一月""一号"は「1番目の月」「1番目の日」という意味で，"一"は変調しません。

　　一月 yīyuè　　二月 èryuè　　三月 sānyuè　…　十二月　shí'èryuè
　　一号 yī hào　　二号 èr hào　　三号 sān hào　…　三十一号 sānshíyī hào

2. 曜日の言い方

曜日を言うとき，"是"は省略可能です。

　　今天［是］星期几？　　Jīntiān [shì] xīngqījǐ?
　　今天［是］星期三。　　Jīntiān [shì] xīngqīsān.

"星期"は「週」という意味で，後ろに"一"～"六"を置くと「月曜日」～「土曜日」の意味になります。「日曜日」は"星期天""星期日"の2通りの言い方があります。

　　星期一　xīngqīyī　　　　星期二　xīngqī'èr　　　星期三　xīngqīsān
　　星期四　xīngqīsì　　　　星期五　xīngqīwǔ　　　星期六　xīngqīliù
　　星期天　xīngqītiān　　　星期日　xīngqīrì

3.「4月4日」「4か月」「4日間」

「4月4日」は日付を表しますが，「4か月」「4日間」は時間の量を表します。「4か月」と言うときは，量詞"个"を加えます。「4日間」と言うときは"号"ではなく，"天"を使いますが，量詞は不要です。

四月四号　sìyuè sì hào
四个月　　sì ge yuè
四天　　　sì tiān

"二月""二号"は「2番目の月」「2番目の日」という意味で，"二"を使って表します。「2か月」「2日間」は「ふたつの月」「ふたつの日」という意味なので，"两"を使って表します。

一个月　yí ge yuè　　两个月　liǎng ge yuè　　三个月　sān ge yuè　…
一天　　yì tiān　　　两天　　liǎng tiān　　　三天　　sān tiān　　…

「1週間」「2週間」…は次のように言います。

一个星期　yí ge xīngqī　　两个星期　liǎng ge xīngqī　…

4．助詞"的"（2）⇒ 31頁参照。

"的"は「…の（もの）」という意味ですが，動詞や形容詞の後ろに置いても「…のもの」という意味を表します。

我买吃的。　　　Wǒ mǎi chī de.　　　▶买「買う」
我不买喝的。　　Wǒ bù mǎi hē de.
我要大的。　　　Wǒ yào dà de.　　　▶要「要る」
我不要小的。　　Wǒ bú yào xiǎo de.　▶小「小さい」

"的"の後ろには「もの」のほか，「こと」「人」が省略されることもあります。

这是日本的吗?　　Zhè shì Rìběn de ma?
这是真的吗?　　　Zhè shì zhēn de ma?
他的孩子是男的。　Tā de háizi shì nán de.
她的孩子是女的。　Tā de háizi shì nǚ de.

◯ **练习** Liànxí

1. 次の質問に答えなさい。すべて"是"は省略可能です。

① 今天是几月几号？　Jīntiān shì jǐyuè jǐ hào？
　_____

② 今天是星期几？　Jīntiān shì xīngqījǐ？
　_____

③ 昨天是星期几？　Zuótiān shì xīngqījǐ？　▶昨天「昨日」
　_____

④ 明天是星期几？　Míngtiān shì xīngqījǐ？　▶明天「明日」
　_____

2. 日本語に訳しなさい。②に気をつけること。

① 一年有十二个月。　Yì nián yǒu shí'èr ge yuè.

② 一月有三十一天。　Yīyuè yǒu sānshíyī tiān.

③ 一个星期有七天。　Yí ge xīngqī yǒu qī tiān.

3. （　）内に"二""两"のどちらかを入れなさい。

① （　）年　　　（2年間）
② （　）〇一九年（2019年）
③ （　）天　　　（2日間）
④ （　）个星期　（2週間）

4. 中国語に訳しなさい。

① 私の誕生日は2月2日です。

② 今日は火曜日です。

第 十 课　何時？
Dì-shí kè

课文　Kèwén

① 老师：现在　几　点？
　　lǎoshī: Xiànzài jǐ diǎn?

　　里美：现在　两　点　二十　分。
　　Lǐměi: Xiànzài liǎng diǎn èrshí fēn.

② 老师：里美，你　多　大？
　　lǎoshī: Lǐměi, nǐ duō dà?

　　里美：我　十八　岁。
　　Lǐměi: Wǒ shíbā suì.

　　老师：你　妈妈　多　大　年纪？
　　lǎoshī: Nǐ māma duō dà niánjì?

　　里美：我　妈妈　四十三　岁。
　　Lǐměi: Wǒ māma sìshísān suì.

語句　　は既出。

①
现在 xiànzài 名 いま。現在。
几点 jǐ diǎn 何時。時刻を尋ねる。
两点二十分 liǎng diǎn èrshí fēn 2時20分。

②
多 duō 形 多い。副 多く。疑 ど
れくらい。
大 dà 形 ①大きい。②歳をとっている。
十八岁 shíbā suì 18歳。
妈妈 māma 名 母。お母さん。
年纪 niánjì 名 年齢。

◯ 要点

1. 時刻の言い方

"钟"は「鐘」「(大きめの)時計」という意味です。時刻を言うときに用いますが、よく省略されます。時刻を言うとき、"是 shì"は不要です。

现在几点［钟］？　Xiànzài jǐ diǎn [zhōng]?

「2時」は"两点"と言います。

一点　　yì diǎn　　两点　　liǎng diǎn　　三点　sān diǎn …
十一点　shíyī diǎn　十二点　shí'èr diǎn

4:00　四点［钟］　　　sì diǎn [zhōng]
4:15　四点十五分　　　sì diǎn shíwǔ fēn
　　　四点一刻　　　　sì diǎn yí kè
4:30　四点三十分　　　sì diǎn sānshí fēn
　　　四点半　　　　　sì diǎn bàn
4:45　四点四十五分　　sì diǎn sìshíwǔ fēn
　　　差十五分五点　　chà shíwǔ fēn wǔ diǎn

「4時15分」の"一刻"は「15分」という意味です。「4時45分」の"差十五分"は「15分足りない、15分前」という意味で、"差一刻"とも言います。

2. 「1時20分」「1時間」「20分間」

「1時20分」は時刻を表しますが、「1時間」「20分間」は時間の量を表します。「…時間」は"…个小时"、「…分間」は"…分钟"で表します。

一点二十分　yì diǎn èrshí fēn
一个小时　　yí ge xiǎoshí

二十分钟　èrshí fēn zhōng

"…个小时""…分钟"などは動詞の目的語になります。
　　我学习两个小时。　　Wǒ xuéxí liǎng ge xiǎoshí.　　▶学习「学習する」
　　我休息十分钟。　　　Wǒ xiūxi shí fēn zhōng.　　　▶休息「休憩する」

3. 年齢の言い方

"多"には「どれくらい」という意味があります。"多大"の"大"は「歳をとっている」という意味です。後ろに「年齢」という意味の"年纪"または"岁数"を加えると丁寧な言い方になります。年齢を言うとき，"是"は不要です。
　　你今年多大？　　　　Nǐ jīnnián duō dà?
　　你爸爸多大年纪？　　Nǐ bàba duō dà niánjì?
　　你妈妈多大岁数？　　Nǐ māma duō dà suìshu?

"几岁"は子どもの年齢の尋ね方です。「2歳」は"两岁"と言います。
　　你的孩子几岁？　　Nǐ de háizi jǐ suì?
　　我的孩子两岁。　　Wǒ de háizi liǎng suì.

4.「いつ…する」

中国語では，日本語の「何月何日に」「何曜日に」「何時に」などの「に」に当たる語は不要です。"什么时候"「いつ」の"时候"は「時（とき）」という意味です。
　　你几月几号去？　　Nǐ jǐyuè jǐ hào qù?
　　你星期几走？　　　Nǐ xīngqījǐ zǒu?
　　　▶走「歩く，行く，出かける」
　　你几点上课？　　　Nǐ jǐ diǎn shàngkè?　　▶上课「授業が始まる」
　　你几点下课？　　　Nǐ jǐ diǎn xiàkè?　　　▶下课「授業が終わる」
　　你什么时候来？　　Nǐ shénme shíhou lái?

○ **练习** Liànxí

1. 李健先生（男性，35歳）と高村里美さん（女性，18歳）について，次の質問に答えなさい。主語には代名詞を用いること。

   ① 李健老师多大年纪？　　Lǐ Jiàn lǎoshī duō dà niánjì?
   　_____
   ② 高村里美多大？　　　　Gāocūn Lǐměi duō dà?
   　_____

2. 日本語に訳しなさい。③④に気をつけること。

   ① 一天有二十四个小时。　Yì tiān yǒu èrshísì ge xiǎoshí.

   ② 一个小时有六十分钟。　Yí ge xiǎoshí yǒu liùshí fēn zhōng.

   ③ 我一个星期休息两天。　Wǒ yí ge xīngqī xiūxi liǎng tiān.

   ④ 我一天学习两个小时。　Wǒ yì tiān xuéxí liǎng ge xiǎoshí.

3. ピンインを参考にして（　）内に単語を書きなさい。

   ① bàba　（　　　）名 父。お父さん。
   ② māma　（　　　）名 母。お母さん。
   ③ háizi　（　　　）名 子ども。
   ④ qù　　（　　　）動 行く。
   ⑤ zǒu　　（　　　）動 歩く。行く。出かける。

4. 中国語に訳しなさい。

   ① いま2時です。

   ② 彼は20歳です。

第 十一 课　値段はいくら？
Dì-shíyī kè

课文 Kèwén

① 老师：这　本　中文　书　多少　钱？
　 lǎoshī： Zhè běn Zhōngwén shū duōshao qián?

　 里美：很　便宜，　四十　块。
　 Lǐměi： Hěn piányi, sìshí kuài.

　 老师：那　本　日文　书　多少　钱？
　 lǎoshī： Nà běn Rìwén shū duōshao qián?

　 里美：很　贵，　两千　二百　日元。
　 Lǐměi： Hěn guì, liǎngqiān èrbǎi rìyuán.

② 老师：里美，你　一　个　月　花　多少　钱？
　 lǎoshī： Lǐměi, nǐ yí ge yuè huā duōshao qián?

　 里美：四万　日元　左右。
　 Lǐměi： Sìwàn rìyuán zuǒyòu.

語句　　は既出。/はどちらで読んでもよいことを示す。

①
这本中文书 zhè běn Zhōngwén shū/
　zhèi … この中国語の本。
多少钱 duōshao qián いくら。値段
　を尋ねる。
很 hěn 副 とても。
便宜 piányi 形（値段が）安い。
块 kuài 量 元（げん）。中国の貨幣
　の単位。
那本日文书 nà běn Rìwén shū/
　nèi … その日本語の本。
贵 guì 形（値段が）高い。
两千二百 liǎngqiān èrbǎi 2千2百。
日元 rìyuán 名 円。日本円。

②
一个月 yí ge yuè 1か月（に）。
花 huā 名 花。動 使う。費やす。
四万 sìwàn 4万。
左右 zuǒyòu 名 ①左右。②…ぐら
　い。

◯ 要点

1. 物を指す代名詞（疑問詞を含む）（2）⇒ 30 頁参照。

"这""那""哪"の後ろに量詞"个"を加えた形の代名詞は，指し示す意味合いの強い「これ」「それ」「どれ」です。"这""那""哪"を"zhèi""nèi""něi"と発音することもあります。

　　　这个 zhège　　　那个 nàge　　　哪个 nǎge

　　　这个很贵。　　Zhège hěn guì.
　　　那个很便宜。　Nàge hěn piányi.
　　　哪个最便宜？　Nǎge zuì piányi?　　▶最「最も」
　　　你要哪个？　　Nǐ yào nǎge?
　　　我要这个。　　Wǒ yào zhège．

2. 「この…」「その…」「どの…」

"这""那""哪"には「この」「その」「どの」という意味もありますが，その意味で使うときには，後ろによく量詞を入れます。

　　　这个人 zhège rén　　那个人 nàge rén　　哪个人 nǎge rén
　　　这本书 zhè běn shū　那本书 nà běn shū　哪本书 nǎ běn shū

3. 値段の言い方

中国の貨幣の単位は"元"です。"一元"の「10分の1」が"一角"で，「100分の1」が"一分"です。"元""角"は書き言葉です。話し言葉では"块""毛"を用います。

書き言葉	元 yuán	角 jiǎo	分 fēn
話し言葉	块 kuài	毛 máo	分 fēn

値段を言うとき，"是"は不要です。

　　　这个多少钱？　Zhège duōshao qián?

这个一块［钱］。　Zhège yí kuài [qián].

「1.50 元」は"一块"の後ろに"五毛"を加えます。「2 元」は"两块"と言います。

(1.50元)　一块五毛［钱］　yí kuài wǔ máo [qián]
(2.00元)　两块［钱］　　liǎng kuài [qián]
(10元)　　十块［钱］　　shí kuài [qián]

4.「100」以上の数

"一 yī"～"十 shí"を組み合わせれば，"九十九 jiǔshíjiǔ"まで数えられます。「100」は"一百"です。「200」は"二百""两百"のどちらでもかまいません。「1000」は"一千"です。「2000」は"两千"と言います。「万」「億」の言い方も覚えましょう。また，"一"の変調に気をつけましょう。⇒ 35 頁参照。

(100)　一百　yìbǎi　　(200)　二百　èrbǎi　　(300)　三百　sānbǎi
(1000) 一千　yìqiān　(2000) 两千　liǎngqiān　(3000) 三千　sānqiān
(1万)　一万　yíwàn　(2万)　两万　liǎngwàn　(3万)　三万　sānwàn
(1亿)　一亿　yíyì　　(2亿)　两亿　liǎngyì　　(3亿)　三亿　sānyì

「101」は"一百零一"です。「110」は"一百一十"です。

(101)　一百零一　　yìbǎi líng yī
(102)　一百零二　　yìbǎi líng èr
(110)　一百一十　　yìbǎi yīshí
(111)　一百一十一　yìbǎi yīshíyī

"零"と"○"は同じ意味で同じ発音ですが，数字を 1 つずつ読むときには"○"を用います。

二○二○年　　　èr líng èr líng nián
二○五号房间　　èr líng wǔ hào fángjiān

○ 练习　Liànxí

1. 「100」以上の数の読み方を漢数字で書きなさい。

　① 100　＿＿＿＿＿＿＿＿
　② 103　＿＿＿＿＿＿＿＿
　③ 110　＿＿＿＿＿＿＿＿
　④ 1000　＿＿＿＿＿＿＿＿

2. 正しいピンインを下から選び（　）内に書きなさい。

　① 十（　　　）
　② 百（　　　）
　③ 千（　　　）
　④ 万（　　　）
　⑤ 亿（　　　）

| bǎi | qiān | shí | wàn | yì |

3. （　）内に"几""多少"のどちらかを入れなさい。

　① 你家有（　　　）口人？　（何人家族ですか）
　② 今天（　　　）号？　　　（今日は何日ですか）
　③ 现在（　　　）点？　　　（いま何時ですか）
　④ 这个（　　　）钱？　　　（これはいくらですか）

4. ピンインを参考にして（　）内に単語を書きなさい。

　① Zhōngwén（　　　）名　中国語。
　② kuài　　　（　　　）量　元（げん）。中国の貨幣の単位。
　③ guì　　　 （　　　）形　（値段が）高い。
　④ piányi　　（　　　）形　（値段が）安い。
　⑤ huā　　　（　　　）動　使う。費やす。
　⑥ zuǒyòu　 （　　　）名　…ぐらい。

52　第十一课　Dì-shíyī kè

第 十二 课　　最近どうですか？
Dì-shí'èr kè

课文 Kèwén

1　老师：你　最近　怎么样？
　　lǎoshī：Nǐ　zuìjìn　zěnmeyàng?

　　里美：我　最近　学习　很　忙。
　　Lǐměi：Wǒ　zuìjìn　xuéxí　hěn　máng.

2　老师：里美，你　怎么　了？
　　lǎoshī：Lǐměi, nǐ　zěnme　le?

　　里美：我　肚子　饿　了。
　　Lǐměi：Wǒ　dùzi　è　le.

　　老师：你　去　食堂　吃饭　吧。
　　lǎoshī：Nǐ　qù　shítáng　chīfàn　ba.

　　里美：那　我　走　了。李　老师，再见！
　　Lǐměi：Nà　wǒ　zǒu　le. Lǐ　lǎoshī, zàijiàn!

語句　　は既出。

1
最近 zuìjìn 名 最近。
怎么样 zěnmeyàng 疑 どのようであるか。
学习 xuéxí 動 学習する。学ぶ。名 学習。
忙 máng 形 忙しい。

2
怎么 zěnme 疑 どのように。
了 le 助 ①…した。②…になった。③きっぱりと言い切る語気を表す。

肚子 dùzi 名 腹。
饿 è 形 空腹だ。
去食堂 qù shítáng 食堂に行く。
吃饭 chīfàn 動 食事をする。
吧 ba 助 提案・推量・命令などの語気を表す。
那 nà 代 それ。その。あれ。あの。接 それでは。
走 zǒu 動 歩く。行く。出かける。

◯ 要点

1.「AはBが…だ」

我头疼。	Wǒ tóuténg.	▶头疼「頭痛がする」
我肚子疼。	Wǒ dùzi téng.	▶疼「痛い」
他身体好。	Tā shēntǐ hǎo.	▶身体「体」
他个子高。	Tā gèzi gāo.	
她工作忙。	Tā gōngzuò máng.	▶工作「仕事」
她学习忙。	Tā xuéxí máng.	

2.「…しに行く」「…しに来る」

"去"の後ろに別の動詞を置くと「行って…する，…しに行く」という意味になります。「来て…する，…しに来る」は"来…"で表します。

你去干什么？	Nǐ qù gàn shénme?	▶干「する」
我去买东西。	Wǒ qù mǎi dōngxi.	▶东西「物，品物」
我去商店买东西。	Wǒ qù shāngdiàn mǎi dōngxi.	
她来看我。	Tā lái kàn wǒ.	▶看「会う」
她来学校学汉语。	Tā lái xuéxiào xué Hànyǔ.	▶学「学ぶ」

3."怎么""怎么样"など

"这么""那么""怎么"は「このように」「そのように」「どのように」という意味です。"这样""那样""怎么样"は「このようである」「そのようである」「どのようであるか」という意味です。"怎么样"の"么"は省略することもあります。

这么	zhème	那么	nàme	怎么	zěnme
这样	zhèyàng	那样	nàyàng	怎么样	zěnmeyàng

怎么办？	Zěnme bàn?	▶办「する」
你怎么了？	Nǐ zěnme le?	▶怎么了「どうしたのか」

你最近怎么样？　　Nǐ zuìjìn zěnmeyàng?
你身体怎么样？　　Nǐ shēntǐ zěnmeyàng?

4．"…了"

"了"の最も基本的な意味は「…した」です。

我明白了。　　Wǒ míngbai le.
我知道了。　　Wǒ zhīdào le.

"了"には「…になった」という意味を表す用法があります。

几点了？　　　Jǐ diǎn le?
你多大了？　　Nǐ duō dà le?
天气好了。　　Tiānqì hǎo le. ▶天气「天気」
我累了。　　　Wǒ lèi le.
我肚子饿了。　Wǒ dùzi è le.

"了"にはきっぱりと言い切る語気を表す用法もあります。 ⇒ 35 頁参照。

那我先走了。　Nà wǒ xiān zǒu le.
这个太贵了。　Zhège tài guì le. ▶太「はなはだ」

5．語気助詞 "吧"

"吧" は提案・推量・命令などの語気を表します。

咱们走吧。　　　Zánmen zǒu ba.
他是留学生吧？　Tā shì liúxuéshēng ba?
你说话吧。　　　Nǐ shuōhuà ba. ▶说话「話をする」

◯ 练习 Liànxí

1．日本語に訳しなさい。

① 请问，美术馆怎么走？ Qǐngwèn, měishùguǎn zěnme zǒu?
　　▶请问「お尋ねします」

② 我妹妹个子很矮。 Wǒ mèimei gèzi hěn ǎi. ▶矮「低い」

③ 我去买东西。 Wǒ qù mǎi dōngxi.

④ 请喝茶吧。 Qǐng hē chá ba.

2．「…になった」の形に書き換えなさい。

例） 天气好。 → 天气好了。　　　　（よくなった）
① 我二十岁。 → _____ （20歳になった）
② 现在八点。 → _____ （8時になった）
③ 我肚子饿。 → _____ （空腹になった）

3．（ ）内に"吗""吧"のどちらかを入れなさい。

① 是（　）？（そうですか？）
② 是（　）？（そうでしょう？）

4．ピンインを参考にして（ ）内に単語を書きなさい。

① chīfàn　　（　　　）動 食事をする。
② bàn　　　（　　　）動 する。
③ gàn　　　（　　　）動 する。やる。
④ míngbai　（　　　）動 分かる。はっきり知る。
⑤ zhīdào　 （　　　）動 知る。知っている。
⑥ shuōhuà　（　　　）動 話をする。

II

『初級中国語Ⅱ』
後半の10課

授業再開

老师： 大家　好！
lǎoshī:　Dàjiā　hǎo!

我　叫　李　健。
Wǒ jiào Lǐ Jiàn.

认识　你们　很　高兴。
Rènshi　nǐmen　hěn gāoxìng.

里美： 我　叫　高村　里美。
Lǐměi:　Wǒ jiào Gāocūn　Lǐměi.

我　现在　学习　汉语。
Wǒ xiànzài　xuéxí　Hànyǔ.

请　多　关照。
Qǐng duō guānzhào.

先生：みなさん，こんにちは！
　　　李健（り・けん）といいます。
　　　みなさんと知り合えてとても嬉しいです。
里美：高村里美（たかむら・さとみ）といいます。
　　　いま中国語を学んでいます。
　　　よろしくお願いします。

第十三课　好きですか？
Dì-shísān kè

课文 Kèwén

老师：里美，好久不见了。你最近怎么样？
　　　Lǐměi, hǎojiǔ bújiàn le. Nǐ zuìjìn zěnmeyàng?

里美：我很好，谢谢。李老师，您呢？
　　　Wǒ hěn hǎo, xièxie. Lǐ lǎoshī, nín ne?

老师：我也很好。里美，你喜欢吃中国的饺子吗？
　　　Wǒ yě hěn hǎo. Lǐměi, nǐ xǐhuan chī Zhōngguó de jiǎozi ma?

里美：我非常喜欢。
　　　Wǒ fēicháng xǐhuan.

老师：明天你来我家玩儿。我给你包饺子。
　　　Míngtiān nǐ lái wǒ jiā wánr. Wǒ gěi nǐ bāo jiǎozi.

里美：太好了。那明天见！
　　　Tài hǎo le. Nà míngtiān jiàn!

语句　　は既出。

好久不见了 hǎojiǔ bújiàn le 長い間会わなかった。お久しぶりです。
您 nín 代 あなた。丁寧な言い方。
呢 ne 助 …は？
也 yě 副 …も。…もまた。
喜欢 xǐhuan 動 好む。好きだ。
吃 chī 動 食べる。

玩儿 wánr 動 遊ぶ。
给 gěi 動 与える。介（誰々）に。
包 bāo 動 包む。（ギョーザを）作る。
太…了 tài…le はなはだ…だ。
明天见 míngtiān jiàn 明日会いましょう。

要点

1. 動詞"喜欢"

"喜欢"は「好む，好きだ」という意味です。

我喜欢中国。	Wǒ xǐhuan Zhōngguó.	
我很喜欢中国。	Wǒ hěn xǐhuan Zhōngguó.	
爸爸喜欢女儿。	Bàba xǐhuan nǚ'ér.	▶女儿「娘」
妈妈非常喜欢儿子。	Māma fēicháng xǐhuan érzi.	▶儿子「息子」

後ろに別の動詞を置いて"喜欢…"とすると「…するのが好きだ」という意味になります。否定形は"不喜欢…"です。

哥哥喜欢唱歌。	Gēge xǐhuan chàng gē.	▶唱歌「歌を歌う」
姐姐不喜欢唱歌。	Jiějie bù xǐhuan chàng gē.	
弟弟喜欢画画。	Dìdi xǐhuan huà huà.	▶画画「絵を描く」
妹妹不喜欢画画。	Mèimei bù xǐhuan huà huà.	

你喜欢喝咖啡吗？	Nǐ xǐhuan hē kāfēi ma?	▶咖啡「コーヒー」
我不太喜欢喝咖啡。	Wǒ bú tài xǐhuan hē kāfēi.	
你喜欢吃什么？	Nǐ xǐhuan chī shénme?	
我喜欢吃面条。	Wǒ xǐhuan chī miàntiáo.	▶面条「うどん」

2. "给"の用法

"给"は「与える」という意味の動詞です。後ろに「誰々に」という目的語と「何々を」という目的語を置くことができます。

你给我什么？	Nǐ gěi wǒ shénme?
我给你一本书。	Wǒ gěi nǐ yì běn shū.

"给"には「(誰々) に」という意味を表す用法があります。このような語を介詞（かいし）といいます。前置詞と呼ぶこともあります。

我给你包饺子。　Wǒ gěi nǐ bāo jiǎozi.
　　我给你打电话。　Wǒ gěi nǐ dǎ diànhuà.　▶打电话「電話をかける」
　　我给你写信。　　Wǒ gěi nǐ xiě xìn.　　▶写信「手紙を書く」

3. 別れの言葉

　　再见！　　　Zàijiàn!
　　明天见！　　Míngtiān jiàn!
　　后天见！　　Hòutiān jiàn!　　▶后天「明後日」
　　下星期见！　Xià xīngqī jiàn!　▶下星期「来週」
　　回头见！　　Huítóu jiàn!　　 ▶回头「のちほど」
　　北京见！　　Běijīng jiàn!

4. アル化 "儿化 érhuà" ⇒ 34頁参照。

　音節の末尾で舌先をそり上げる現象です。"儿 r"の発音は前の音節を発音したあと，舌先をそり上げます。北方方言に多い現象ですが，"普通话 pǔtōnghuà"でも時々見られます。

　　这儿　zhèr　　　那儿　nàr　　　哪儿　nǎr

"儿 r"の前に"n""i"があるときは，"n""i"を発音しません。

　　玩儿　　wánr
　　一点儿　yìdiǎnr　▶「少し，ちょっと」
　　一块儿　yíkuàir　▶「一緒に」

アル化してもいいし，しなくてもいい単語もあります。

　　歌［儿］gē[r]　　画［儿］huà[r]　　花［儿］huā[r]
　　事［儿］shì[r]　面条［儿］miàntiáo[r]

"儿子""女儿"の"儿 ér"は，アル化の"儿 r"ではありません。なお，"儿"は「兒」の簡体字です。

　　儿子　érzi　　　女儿　nǚ'ér　　　儿童　értóng

好きですか？　61

○ 练习　Liànxí

1. アル化に気をつけて発音しなさい。"一"の変調にも気をつけること。
   ① 一点儿　yìdiǎnr
   ② 一块儿　yíkuàir
   ③ 一会儿　yíhuìr　▶「しばらく」

2. 日本語に訳しなさい。
   ① 我不喜欢喝牛奶。　Wǒ bù xǐhuan hē niúnǎi.　▶牛奶「牛乳」

   ② 星期天我去你家玩儿。　Xīngqītiān wǒ qù nǐ jiā wánr.

   ③ 我给你一支笔。　Wǒ gěi nǐ yì zhī bǐ.　▶一支笔「1本のペン」

   ④ 我给你介绍中国朋友。　Wǒ gěi nǐ jièshào Zhōngguó péngyou.
      ▶介绍「紹介する」　▶朋友「友人」

3. ピンインを参考にして（　）内に単語を書きなさい。
   ① chī　　（　　）動　食べる。
   ② bāo　　（　　）動　（ギョーザを）作る。
   ③ chàng　（　　）動　歌う。
   ④ huà　　（　　）動　描く。名　絵。絵画。
   ⑤ dǎ　　 （　　）動　（電話を）かける。
   ⑥ xiě　　（　　）動　書く。

4. 中国語に訳しなさい。
   ① お久しぶりです。

   ② 私はとても元気です。あなたは？

第十四课　それとも？
Dì-shísì kè

课文 Kèwén

老师：你　喜欢　吃　饺子，还是　喜欢　吃　包子？
　　　Nǐ　xǐhuan　chī　jiǎozi,　háishi　xǐhuan　chī　bāozi?

里美：我　喜欢　吃　饺子。
　　　Wǒ xǐhuan　chī　jiǎozi.

老师：你　会　包　饺子　吗？
　　　Nǐ　huì　bāo　jiǎozi　ma?

里美：我　不　会。包　饺子　难　不　难？
　　　Wǒ bú　huì.　Bāo jiǎozi　nán　bù　nán?

老师：不　怎么　难。我　教　你　包。
　　　Bù zěnme nán.　Wǒ jiāo　nǐ　bāo.

里美：好，那么　我　试　一　试。
　　　Hǎo,　nàme　wǒ　shì　yí　shì.

語句　　は既出。

还是 háishi 接 それとも。
包子 bāozi 名 中華饅頭。
会 huì 助動 (技術を身につけて)
　…することができる。
难 nán 形 難しい。
不怎么 bù zěnme あまり…でない。

教 jiāo 動 教える。
那么 nàme 代 そのように。そんな
　に。接 それでは。
试一试 shì yí shì ちょっと試す。試
　してみる。

◯ 要点

1. "A，还是 B？"

"A，还是 B？"は「Aか，それともBか？」という意味です。

他是老师，还是学生？　　Tā shì lǎoshī, háishi xuésheng?
你今天去，还是明天去？　Nǐ jīntiān qù, háishi míngtiān qù?
你吃米饭，还是吃面包？　Nǐ chī mǐfàn, háishi chī miànbāo?
　▶米饭「米の飯」　▶面包「パン」

2. 助動詞 "会" "能 néng" "可以 kěyǐ"

技術を身につけて「…することができる」と言うときは，助動詞 "会" を用いて "会…" で表します。否定形は "不会…" です。

我会包饺子。　　　Wǒ huì bāo jiǎozi.
我会滑冰。　　　　Wǒ huì huábīng.　　▶滑冰「スケートをする」
我会游泳。　　　　Wǒ huì yóuyǒng.　　▶游泳「水泳をする」
我会说英语。　　　Wǒ huì shuō Yīngyǔ.　▶说英语「英語を話す」

你会打网球吗？　　Nǐ huì dǎ wǎngqiú ma?
　▶打网球「テニスをする」
我不会打网球。　　Wǒ bú huì dǎ wǎngqiú.

能力や可能性があって「…することができる」と言うときは，"能…" で表します。否定形は "不能…" です。

你能读这个字吗？　Nǐ néng dú zhège zì ma?　▶读「読む」
我不能读这个字。　Wǒ bù néng dú zhège zì.
你能来看我吗？　　Nǐ néng lái kàn wǒ ma?
我不能去看你。　　Wǒ bù néng qù kàn nǐ.

"可以…" は「…してもよい」という意味です。否定の「…してはい

けない，…するな」は "不可以…" のほか，"不要…" "別…" で表します。

我可以回家吗？　Wǒ kěyǐ huíjiā ma?　▶回家「帰宅する」
你不可以回家。　Nǐ bù kěyǐ huíjiā.
你不要说话。　　Nǐ búyào shuōhuà.
你别说话。　　　Nǐ bié shuōhuà.

3. "怎么"の用法 ⇒ 54頁参照。

"怎么" には「どのように」という意味のほかに，「なぜ」という意味があります。「なぜ」の場合は "为什么" とほぼ同じ意味です。

你怎么不知道？　　Nǐ zěnme bù zhīdào?
你为什么不知道？　Nǐ wèi shénme bù zhīdào?

"不怎么…" は「あまり…でない」という意味です。"不太…" とほぼ同じ意味です。

日语不怎么难。　Rìyǔ bù zěnme nán.
日语不太难。　　Rìyǔ bú tài nán.

4. 動詞 "教"

"教"「教える」は，後ろに「誰々に」という目的語と「何々を」という目的語を置くことができます。

李老师教我们汉语。　Lǐ lǎoshī jiāo wǒmen Hànyǔ.
我教你们包饺子。　　Wǒ jiāo nǐmen bāo jiǎozi.

5. 動詞の重ね型

動詞を2つ重ねると「ちょっと…する，…してみる」という意味になります。1音節の動詞の場合は中間に "一" を入れることがあります。

试试　　　shìshi　　＝　试一试
看看　　　kànkan　　＝　看一看　　▶看「見る」
休息休息　xiūxi xiūxi
打扫打扫　dǎsǎo dǎsǎo　　　　　　▶打扫「掃除する」

◯ 练习　Liànxí

1. 日本語に訳しなさい。

　① 你喜欢吃鱼，还是喜欢吃肉？
　　 Nǐ xǐhuan chī yú, háishi xǐhuan chī ròu?

　② 你会不会说韩语？　Nǐ huì bú huì shuō Hányǔ?　▶韩语「韓国語」

　③ 你别客气。　Nǐ bié kèqi.

　④ 你为什么学习汉语？　Nǐ wèi shénme xuéxí Hànyǔ?

2. （　）内に"会""能""可以"のいずれかを入れなさい。

　① 他不（　　　）来。　　（来られない）
　② 我不（　　　）游泳。（水泳ができない）
　③ 你（　　　）去。　　　（行ってもよい）

3. ピンインを参考にして（　）内に単語を書きなさい。

　① xǐhuan　（　　　）動 好む。好きだ。
　② bāozi　　（　　　）名 中華饅頭。
　③ miànbāo （　　　）名 パン。
　④ huíjiā　 （　　　）動 帰宅する。
　⑤ shuōhuà （　　　）動 話をする。
　⑥ zhīdào　 （　　　）動 知る。知っている。

4. 中国語に訳しなさい。

　① 私は中国語が話せます。

　② 李先生は私に中国語を教えます。

第十五课　私が作ったギョーザ
Dì-shíwǔ kè

课文　Kèwén

老师：里美，你尝一尝我包的饺子。
　　　Lǐměi, nǐ cháng yì cháng wǒ bāo de jiǎozi.

里美：我先尝尝我自己包的。
　　　Wǒ xiān chángchang wǒ zìjǐ bāo de.

老师：味道怎么样？
　　　Wèidào zěnmeyàng?

里美：中国的水饺真好吃！
　　　Zhōngguó de shuǐjiǎo zhēn hǎochī!

老师：还有很多，你多吃一点儿吧。
　　　Hái yǒu hěn duō, nǐ duō chī yìdiǎnr ba.

里美：那我就不客气了。
　　　Nà wǒ jiù bú kèqi le.

語句　は既出。/ はどちらで読んでもよいことを示す。

尝 cháng 動 味わう。
我包的饺子 wǒ bāo de jiǎozi 私が作ったギョーザ。
先 xiān 副 先に。まず。
自己 zìjǐ 代 自分（で）。
味道 wèidào/wèidao 名 味。
水饺 shuǐjiǎo 名 水ギョーザ。ゆでギョーザ。
真 zhēn 形 本当の。副 本当に。
好吃 hǎochī 形（食べ物が）おいしい。
还 hái 副 ①まだ。さらに。②まだ（…ない）。
有很多 yǒu hěn duō たくさんある。
一点儿 yìdiǎnr 数量 少し。ちょっと。
吧 ba 助 提案・推量・命令などの語気を表す。
就 jiù 副 ①すぐ。すぐに。②それでは。③…こそが。
不客气了 bú kèqi le 遠慮しません。遠慮なくいただきます。

◯ 要点

1．動詞＋"的"＋名詞

中国語で「好きな料理」と言うときは，"喜欢"「好む，好きだ」の後ろに"的"「…の」を置いて"菜"「料理」につなげます。

    这是我喜欢的菜。　　Zhè shì wǒ xǐhuan de cài.
    这不是我喜欢的菜。　Zhè bú shì wǒ xǐhuan de cài.

中国語では「作る料理」「作った料理」どちらも同じ表現で，"做"「作る」＋"的"＋"菜"で表します。

    这是谁做的菜？　Zhè shì shéi zuò de cài?
    这是我做的菜。　Zhè shì wǒ zuò de cài.
    那是谁买的书？　Nà shì shéi mǎi de shū?
    那是我买的书。　Nà shì wǒ mǎi de shū.

"的"の後ろの名詞を言う必要のないときは省略可能です。

    这个菜是我做的。　　Zhège cài shì wǒ zuò de.
    这些菜都是我做的。　Zhèxiē cài dōu shì wǒ zuò de.

2．数量詞 "一点儿" "一下 yíxià" "一会儿 yíhuìr"

"一点儿"は「少し，ちょっと」という意味ですが，名詞の前に置いて"一点儿…"とすると「少しの…」という意味になります。

    你吃一点儿水果。　Nǐ chī yìdiǎnr shuǐguǒ.　▶水果「果物」
    我喝一点儿茶。　　Wǒ hē yìdiǎnr chá.

"一点儿"を形容詞の後ろに置いて"…一点儿"とすると「ちょっと…だ」という意味になります。

    今天暖和一点儿。　Jīntiān nuǎnhuo yìdiǎnr.　▶暖和「暖かい」
    昨天凉快一点儿。　Zuótiān liángkuai yìdiǎnr.　▶凉快「涼しい」

"一下"を動詞の後ろに置くと「ちょっと…する」という意味になります。「ちょっと…する」は動詞の重ね型で表すこともできます。⇒ 65頁参照。

  我看一下。 Wǒ kàn yíxià. = 我看［一］看。
  我介绍一下。 Wǒ jièshào yíxià. = 我介绍介绍。

"一会儿"は「しばらく」という意味で，これを動詞の後ろに置いても「ちょっと…する」という意味になります。"yìhuǐr"と発音することもあります。

  你坐一会儿。 Nǐ zuò yíhuìr.
  你休息一会儿。 Nǐ xiūxi yíhuìr.

3. 副詞"就"

"就"は様々な意味を持ちます。"就"には「すぐ，すぐに」という意味があります。

  书店就在学校附近。 Shūdiàn jiù zài xuéxiào fùjìn.
  ▶书店「書店」
  李老师马上就来。 Lǐ lǎoshī mǎshàng jiù lái.
  ▶马上就「すぐに…（する）」

"就"には「それでは」という意味もあります。

  那就这样。 Nà jiù zhèyàng.
  那我就不客气了。 Nà wǒ jiù bú kèqi le.

"…就是～"は「…（こそ）が～である」という意味です。

  他就是李健老师。 Tā jiù shì Lǐ Jiàn lǎoshī.
  她就是高村里美。 Tā jiù shì Gāocūn Lǐměi.

○ 练习 Liànxí

1. 日本語に訳しなさい。

① 这是我的孩子画的画。 Zhè shì wǒ de háizi huà de huà.

② 这儿凉快一点儿。 Zhèr liángkuai yìdiǎnr.

③ 你等一会儿吧。 Nǐ děng yíhuìr ba. ▶等「待つ」

④ 那儿就是北京站。 Nàr jiù shì Běijīng Zhàn. ▶站「駅」

2. （ ）内に"吃""喝"のどちらかを入れなさい。④に気をつけること。
① 我（　）中国菜。　　（食べる）
② 我（　）中国茶。　　（飲む）
③ 中国菜真好（　）！　（本当においしい）
④ 中国茶真好（　）！　（本当においしい）

3. ピンインを参考にして（ ）内に単語を書きなさい。
① cháng　（　　　）動 味わう。
② zìjǐ　　（　　　）代 自分（で）。
③ hái　　（　　　）副 ①まだ。さらに。②まだ（…ない）。
④ kèqi　 （　　　）動 遠慮する。
⑤ jièshào （　　　）動 紹介する。
⑥ xiūxi　 （　　　）動 休憩する。休む。

4. 中国語に訳しなさい。

① これは私が作った料理です。

② 味はどうですか？

第 十六 课　　行ったことがある
Dì-shíliù kè

课文　Kèwén

老师：里美，你　去过　中国　吗？
　　　Lǐměi, nǐ qùguo Zhōngguó ma?

里美：我　没有　去过。
　　　Wǒ méiyǒu qùguo.

老师：你　想　去　中国　吗？
　　　Nǐ xiǎng qù Zhōngguó ma?

里美：我　很　想　去。
　　　Wǒ hěn xiǎng qù.

老师：你　打算　什么　时候　去？
　　　Nǐ dǎsuàn shénme shíhou qù?

里美：我　打算　明年　三月　去　一　趟。
　　　Wǒ dǎsuàn míngnián sānyuè qù yí tàng.

語句　　は既出。/ はどちらで読んでもよいことを示す。

去 qù 動 行く。
过 guo 助 …したことがある。
没有 méiyǒu/méiyou 動 持っていない。…がない。…がいない。副 …しなかった。…していない。…したことがない。
想 xiǎng 動 ①思う。考える。②…したいと思う。…したい。

打算 dǎsuàn/dǎsuan 動 …するつもりだ。
什么时候 shénme shíhou いつ。
明年三月 míngnián sānyuè 来年の3月（に）。
一趟 yí tàng 1回。1度。行く回数や来る回数を表す。

◯ 要点

1. 動詞＋"过"

「…したことがある」は"…过"で表します。否定して「…したことがない」と言うときには，"不 bù"ではなく"没有"を用います。"没有"は単に"没"とも言います。

  我去过中国。   Wǒ qùguo Zhōngguó.
  我没［有］去过中国。 Wǒ méi[yǒu] qùguo Zhōngguó.
  他学过汉语。   Tā xuéguo Hànyǔ.
  他没［有］学过汉语。 Tā méi[yǒu] xuéguo Hànyǔ.

「…したことがあるか」という疑問文は文末に"吗"を置くか，否定の"没有"を置きます。

  她来过日本吗？ Tā láiguo Rìběn ma?
  她来过日本没有？ Tā láiguo Rìběn méiyǒu?

2. 動詞"想""打算"

"想"は「思う，考える」という意味です。

  我想一想。 Wǒ xiǎng yì xiǎng. ＝ 我想想。
  你想什么？ Nǐ xiǎng shénme?

"想"の後ろに別の動詞を置いて"想…"とすると「…したいと思う，…したい」という意味になります。否定形は"不想…"です。

  你想听音乐吗？ Nǐ xiǎng tīng yīnyuè ma?
   ▶听音乐「音楽を聴く」
  我想听音乐。 Wǒ xiǎng tīng yīnyuè.
  我不想听音乐。 Wǒ bù xiǎng tīng yīnyuè.

"打算"の後ろに別の動詞を置いて"打算…"とすると「…するつも

りだ」という意味になります。否定形は"不打算…"です。

你打算干什么？　　Nǐ dǎsuàn gàn shénme?
我打算看电影。　　Wǒ dǎsuàn kàn diànyǐng.　▶电影「映画」
我不打算看电影。　Wǒ bù dǎsuàn kàn diànyǐng.

3. 動作の回数を表す量詞

「1回，1度」の「回，度」など動作の回数を表す言葉でよく使われるものは"次"です。動作の回数を表す言葉は動詞の後ろに置きます。

去一次　　　　qù yí cì　　　　　去两次　　　　qù liǎng cì
去一次中国　qù yí cì Zhōngguó　去两次中国　qù liǎng cì Zhōngguó
看一次　　　　kàn yí cì　　　　看两次　　　　kàn liǎng cì
看一次电影　kàn yí cì diànyǐng　看两次电影　kàn liǎng cì diànyǐng

"趟"は「行く回数」「来る回数」を数えます。"遍"は「最初から最後まで通して1度」するような場合に使われます。

我去一趟。　　　Wǒ qù yí tàng.
你来一趟。　　　Nǐ lái yí tàng.
我再说一遍。　　Wǒ zài shuō yí biàn.
你读一遍课文。　Nǐ dú yí biàn kèwén.

動作の期間を表す言葉も動詞の後ろに置きます。

我学一年。　　　　　Wǒ xué yì nián.
我学一年汉语。　　　Wǒ xué yì nián Hànyǔ.
我看一个小时。　　　Wǒ kàn yí ge xiǎoshí.
我看一个小时电视。　Wǒ kàn yí ge xiǎoshí diànshì.

◯ 练习　Liànxí

1. 日本語に訳しなさい。

① 他没有吃过日本菜。　Tā méiyǒu chīguo Rìběncài.

② 我想喝可乐。　Wǒ xiǎng hē kělè.　▶可乐「コーラ」

③ 你打算今年几月出发？　Nǐ dǎsuàn jīnnián jǐyuè chūfā?
　▶出发「出発する」

2. （　）内に"不""没"のどちらかを入れなさい。

① 这（　　）是我的。　　（私のものではない）
② 我（　　）中国朋友。　（中国の友人がいない）
③ 他（　　）来过。　　　（来たことがない）
④ 我（　　）想去。　　　（行きたくない）

3. 対話の意味を考え，発音しなさい。

A：你去过几次中国？　Nǐ qùguo jǐ cì Zhōngguó?
B：我去过两次中国。　Wǒ qùguo liǎng cì Zhōngguó.

A：你学过几年汉语？　Nǐ xuéguo jǐ nián Hànyǔ?
B：我学过半年汉语。　Wǒ xuéguo bàn nián Hànyǔ.

4. ピンインを参考にして（　）内に単語を書きなさい。

① tàng　　（　　）量　回。度。行く回数や来る回数を数える。
② tīng　　（　　）動　聞く。
③ kàn　　（　　）動　①見る。②会う。
④ shuō　　（　　）動　話す。言う。
⑤ diànyǐng　（　　）名　映画。
⑥ diànshì　（　　）名　テレビ。

第十七课　どこで働いていますか？
Dì-shíqī kè

课文　Kèwén

老师：你　父母　在　哪儿　工作？
　　　Nǐ　fùmǔ　zài　nǎr　gōngzuò?

里美：爸爸　在　一　家　公司　工作。
　　　Bàba　zài　yì　jiā　gōngsī　gōngzuò.

老师：你　妈妈　呢？
　　　Nǐ　māma　ne?

里美：妈妈　在　家　里　做　家务。
　　　Māma　zài　jiā　lǐ　zuò　jiāwù.

老师：你　父母　想　不　想　去　中国？
　　　Nǐ　fùmǔ　xiǎng　bù　xiǎng　qù　Zhōngguó?

里美：他们　都　想　去。我　打算　跟　父母
　　　Tāmen　dōu　xiǎng　qù.　Wǒ　dǎsuàn　gēn　fùmǔ

　　　一起　去　中国。
　　　yìqǐ　qù　Zhōngguó.

語句　　は既出。／はどちらで読んでもよいことを示す。

父母 fùmǔ 名 父母。両親。
在 zài 動 (どこどこに) ある。(どこどこに) いる。介 (どこどこ) で。(どこどこ) に。副 …している (ところだ)。
哪儿 nǎr 疑 どこ。
工作 gōngzuò 動 働く。名 仕事。
家 jiā 名 家。家庭。量 商店や会社を数える。
公司 gōngsī 名 会社。

呢 ne 助 ①…は？②答えを求める語気を表す。③進行を表す。
里 lǐ/li 方 中。
做 zuò 動 ①作る。②する。
家务 jiāwù 名 家事。
他们都… tāmen dōu… 彼らは2人とも…。
跟 gēn 介 …と。
一起 yìqǐ 副 一緒に。

● 要点

1. "在" の用法

"在"は「(どこどこに) いる，ある」という意味の動詞です。

你在哪儿?	Nǐ zài nǎr?
你家在哪儿?	Nǐ jiā zài nǎr?
厕所在这儿。	Cèsuǒ zài zhèr. ▶厕所「トイレ」
餐厅在那儿。	Cāntīng zài nàr. ▶餐厅「レストラン」

"在"には「(どこどこ) で」という意味を表す用法があります。この場合の品詞は介詞です。すでに学んだ介詞として"给 gěi"があります。⇒ 60 頁参照。

你在哪儿工作?	Nǐ zài nǎr gōngzuò?
我在银行工作。	Wǒ zài yínháng gōngzuò. ▶银行「銀行」
你在哪里等我?	Nǐ zài nǎlǐ děng wǒ?
我在这里等你。	Wǒ zài zhèlǐ děng nǐ.

"在"を動詞の後ろに置くと「(どこどこ) に」という意味になります。

他住在上海。	Tā zhù zài Shànghǎi. ▶住「住む」 ▶上海「上海」
她坐在旁边。	Tā zuò zài pángbiān.
请放在那里。	Qǐng fàng zài nàlǐ. ▶放「置く」

"在"を動詞の前に置くと「…している (ところだ)」という進行の表現になります。この場合の"在"は副詞です。文末によく次の **2** に挙げる語気助詞"呢"を加えます。

他在干什么呢?	Tā zài gàn shénme ne?
他在做饭呢。	Tā zài zuò fàn ne. ▶饭「食事」

2. 語気助詞 "呢"

上に挙げた用法のほか，"呢"には「…は？」という意味があります。

我喜欢打乒乓球。你呢？　　Wǒ xǐhuan dǎ pīngpāngqiú. Nǐ ne?
　　　▶乒乓球「卓球」
　　我的书包在这里。你的呢？　　Wǒ de shūbāo zài zhèlǐ. Nǐ de ne?
　　　▶书包「かばん」

"呢"には疑問詞を用いる疑問文の文末に加えて，答えを求める語気を表す用法もあります。
　　这是什么呢？　　Zhè shì shénme ne?
　　这是为什么呢？　　Zhè shì wèi shénme ne?
　　怎么办呢？　　Zěnme bàn ne?

3. 介詞"跟"

"跟…"は「…と」という意味です。
　　我跟你一样。　　　　Wǒ gēn nǐ yíyàng.　　▶一样「同じだ」
　　我跟你不一样。　　　Wǒ gēn nǐ bù yíyàng.
　　他个子跟我一样高。　Tā gèzi gēn wǒ yíyàng gāo.

"跟…一起～"は「(誰々)と一緒に～する」という意味になります。"跟""一起"の代わりにそれぞれ"和""一块儿"を使うこともあります。
　　我跟爸爸一起去中国。　　Wǒ gēn bàba yìqǐ qù Zhōngguó.
　　她和妈妈一块儿去韩国。　Tā hé māma yíkuàir qù Hánguó.

4. 複数の発音を持つ漢字

　　可乐　kělè　—　音乐　yīnyuè
　　好　　hǎo　—　爱好　àihào　　▶「愛好する」
　　行　　xíng　—　银行　yínháng
　　都　　dōu　—　首都　shǒudū
　　还　　hái　—　还　　huán　　▶「返す」
　　教　　jiāo　—　教室　jiàoshì
　　干　　gàn　—　干杯　gānbēi　　▶「乾杯する」

○ 练习　Liànxí

1. 日本語に訳しなさい。

　① 他在哪儿打工？　Tā zài nǎr dǎgōng?　▶打工「アルバイトをする」

　② 房间里边跟外边一样冷。　Fángjiān lǐbian gēn wàibian yíyàng lěng.

　③ 我想和你一块儿工作。　Wǒ xiǎng hé nǐ yíkuàir gōngzuò.

2. （ ）内に"在""跟""给"のいずれかを入れなさい。

　① 我（　　）你打电话。（あなたに電話をかける）
　② 我（　　）你一起去。（あなたと一緒に行く）
　③ 他（　　）那儿玩儿。（そこで遊ぶ）
　④ 他住（　　）上海。（上海に住んでいる）

3. ピンインを参考にして（ ）内に単語を書きなさい。

　① děng　　（　　　　）動 待つ。
　② fàng　　（　　　　）動 置く。
　③ zuò　　 （　　　　）動 ①作る。②する。
　④ gàn　　 （　　　　）動 する。やる。
　⑤ bàn　　 （　　　　）動 する。
　⑥ shūbāo （　　　　）名 かばん。

4. 中国語に訳しなさい。

　① あなたはどこで働いていますか？

　② 私はギョーザを食べます。あなたは？

第十八课　買い物に行きたい
Dì-shíbā kè

课文 Kèwén

老师： 你 下午 还 有 别的 事 吗?
　　　Nǐ xiàwǔ hái yǒu biéde shì ma?

里美： 我 要 去 买 东西。
　　　Wǒ yào qù mǎi dōngxi.

老师： 你 多 坐 一会儿 吧。
　　　Nǐ duō zuò yíhuìr ba.

里美： 不行, 我 要 走 了。
　　　Bù xíng, wǒ yào zǒu le.

老师： 有 时间, 请 再 来。
　　　Yǒu shíjiān, qǐng zài lái.

里美： 谢谢 李 老师。 打搅 您 了。
　　　Xièxie Lǐ lǎoshī. Dǎjiǎo nín le.

語句　　は既出。/ はどちらで読んでもよいことを示す。

下午 xiàwǔ 名 午後。
别的事 biéde shì ほかの用事。
要 yào 動 ①要る。ほしい。②（時間やお金を）要する。助動 …したい。…しなければならない。…しようとする。
买东西 mǎi dōngxi 買い物をする。
多 duō 形 多い。副 ①多く。②何と。疑 どれくらい。
坐一会儿 zuò yíhuìr/… yìhuǐr しばらく座る。

不行 bù xíng よくない。だめだ。
走 zǒu 動 歩く。行く。出かける。
了 le 助 ①…した。(すでに)…している。②…になった。③きっぱりと言い切る語気を表す。
有时间, … yǒu shíjiān,… 時間があれば, …。
请再来 qǐng zài lái どうぞまた来てください。
打搅 dǎjiǎo 動 邪魔をする。

○ 要点

1. "要"の用法

"要"は「要る，ほしい」という意味の動詞です。「(時間やお金を)要する」という意味になることもあります。

  我要大的，不要小的。 Wǒ yào dà de, bú yào xiǎo de.
  从这儿到那儿要一个小时。 Cóng zhèr dào nàr yào yí ge xiǎoshí.
   ▶从…到~「…から~まで」

"要"には助動詞としての用法もあり，「…したい」「…しなければならない」という意味を表します。

  你要看电视吗？ Nǐ yào kàn diànshì ma?
  我要看电视。 Wǒ yào kàn diànshì.
  你要做作业吗？ Nǐ yào zuò zuòyè ma?
   ▶作业「宿題」，「作業」の簡体字。
  我要做作业。 Wǒ yào zuò zuòyè.

「…したくない」「…しなくてよい」という否定は，"不想…""不用…"で表します。"不要"を動詞の前に置くと「…するな」という意味になります。⇒65・72頁参照。

  我不想看电视。 Wǒ bù xiǎng kàn diànshì.
  我不用做作业。 Wǒ búyòng zuò zuòyè.
  你不要迟到。 Nǐ búyào chídào. ▶迟到「遅刻する」

"要"が「…しようとする，…しそうだ」という意味を表すこともあります。よく文末に"了"を加えます。

  我要迟到了。 Wǒ yào chídào le.
  要下雨了。 Yào xià yǔ le. ▶下雨「雨が降る」

2. "多"の用法

"多"は「多い」「多く」という意味です。

男的多，女的少。　Nán de duō, nǚ de shǎo.
- ▶男的「男性」　▶女的「女性」　▶少「少ない」

请多关照。　　　　Qǐng duō guānzhào.
你多吃一点儿吧。　Nǐ duō chī yìdiǎnr ba.
你多坐一会儿吧。　Nǐ duō zuò yíhuìr ba.

"多"には「どれくらい…？」という意味のほか、「何と…！」という意味もあります。

你多大年纪？　　　Nǐ duō dà niánjì?
要多长时间？　　　Yào duō cháng shíjiān?　▶长「長い」
中国多大啊！　　　Zhōngguó duō dà a!　　▶啊「驚きを表す」
风景多美啊！　　　Fēngjǐng duō měi a!　　▶风景「風景」　▶美「美しい」

3．文末の"了"（1）⇒ 35・55頁参照。

"了"にはきっぱりと言い切る語気助詞の用法があります。

我要走了。　　　　Wǒ yào zǒu le.
好久不见了。　　　Hǎojiǔ bújiàn le.
你太客气了。　　　Nǐ tài kèqi le.
我不客气了。　　　Wǒ bú kèqi le.

"了"の最も基本的な意味は「…した」ですが、きっぱりと言い切る語気助詞と区別がつきにくい場合もあります。

我知道了。　　　　Wǒ zhīdào le.
我明白了。　　　　Wǒ míngbai le.
你辛苦了。　　　　Nǐ xīnkǔ le.　　▶辛苦「苦労する」
谢谢你了。　　　　Xièxie nǐ le.
打扰你了。　　　　Dǎrǎo nǐ le.　　▶打扰「邪魔をする」
麻烦你了。　　　　Máfan nǐ le.　　▶麻烦「面倒をかける」

買い物に行きたい

○ 练习　Liànxí

1. 日本語に訳しなさい。

　①　我上午有事，下午没事。　Wǒ shàngwǔ yǒu shì, xiàwǔ méi shì.
　　　▶上午「午前」

　②　你要买什么东西？　Nǐ yào mǎi shénme dōngxi?

　③　你不要客气。　Nǐ búyào kèqi.

2. 対話の意味を考え，発音しなさい。

　　A：你要吃什么？　　Nǐ yào chī shénme?
　　B：我要吃汉堡包。　Wǒ yào chī hànbǎobāo.
　　　　▶汉堡包「ハンバーガー」
　　A：你还要别的吗？　Nǐ hái yào biéde ma?
　　B：不要了。　　　　Bú yào le.

3. ピンインを参考にして（　）内に単語を書きなさい。

　　①　xíng　　（　　）形　よい。
　　②　dǎjiǎo　（　　）動　邪魔をする。
　　③　chídào　（　　）動　遅刻する。
　　④　míngbai （　　）動　分かる。はっきり知る。
　　⑤　xīnkǔ　 （　　）動　苦労する。
　　⑥　máfan　 （　　）動　面倒をかける。

4. 中国語に訳しなさい。

　①　あなたはまだ用事がありますか？

　②　時間があったら，また来てください。

第十九课　買い物に行きましたか？
Dì-shíjiǔ kè

课文 Kèwén

老师：昨天　你　去　买　东西　了　吗？
　　　Zuótiān nǐ qù mǎi dōngxi le ma?

里美：去　了。
　　　Qù le.

老师：你　买了　什么？
　　　Nǐ mǎile shénme?

里美：我　买了　一　件　衣服。
　　　Wǒ mǎile yí jiàn yīfu.

老师：没　买　别的　吗？
　　　Méi mǎi biéde ma?

里美：对　了！我　还　买了　一　顶　很　漂亮
　　　Duì le! Wǒ hái mǎile yì dǐng hěn piàoliang

　　　的　帽子。
　　　de màozi.

语句　　は既出。

昨天 zuótiān 名 昨日。
去买东西 qù mǎi dōngxi 買い物に行く。
了 le 助 ①…した。(すでに)…している。②…になった。③きっぱりと言い切る語気を表す。
什么 shénme 疑 何。何の。どんな。
一件衣服 yí jiàn yīfu 1着の服。
没 méi 動 持っていない。…がない。…がいない。 副 …しなかった。…していない。…したことがない。
别的 biéde 代 ほかの（もの）。
对了 duì le そうだ。
还 hái 副 ①まだ。さらに。②まだ（…ない）。
顶 dǐng 量 帽子を数える。
很漂亮的帽子 hěn piàoliang de màozi とてもきれいな帽子。

◯ 要点

1. "了"「…した」「…している」

中国語では「(昨日) 来た」「(すでに) 来ている」のどちらも "来了" で表します。

  他昨天来了。 Tā zuótiān lái le.
  他已经来了。 Tā yǐjīng lái le. ▶已经「すでに，もう」

否定して「(昨日) 来なかった」「(まだ) 来ていない」と言うときには，"不 bù" ではなく "没 [有]" を用います。否定形では "了" が消えます。

  他昨天没 [有] 来。 Tā zuótiān méi[yǒu] lái.
  他还没 [有] 来。   Tā hái méi[yǒu] lái.

疑問文は文末に "吗" を置くか，否定の "没有" を置きます。

  他来了吗？ Tā lái le ma?
  他来了没有？ Tā lái le méiyǒu?

2. 文末の "了"（2）⇒ 81 頁参照。

"了" には文末につくものと，動詞の後ろにつくものがあります。単に「買い物をした」などと言うときには，一般に文末の "了" を用いて表します。

  我买东西了。 Wǒ mǎi dōngxi le.
  我吃午饭了。 Wǒ chī wǔfàn le. ▶午饭「昼食」
  他去中国了。 Tā qù Zhōngguó le.
  她来日本了。 Tā lái Rìběn le.

3. 動詞＋"了"

「買い物をした」という発言に対して「何を買ったか」と尋ねたり，「…を買った」と具体的に答えたりするときには，一般に動詞の後ろの "了" を用いて表します。

你买了什么？　　　Nǐ mǎile shénme?
我买了一件衣服。　Wǒ mǎile yí jiàn yīfu.
你吃了什么？　　　Nǐ chīle shénme?
我吃了一碗面条。　Wǒ chīle yì wǎn miàntiáo.

動詞の後ろの"了"を用いた表現をいくつか挙げます。

我买了一本杂志。　　Wǒ mǎile yì běn zázhì.
我喝了一杯红茶。　　Wǒ hēle yì bēi hóngchá.　　▶红茶「紅茶」
我看了两次电影。　　Wǒ kànle liǎng cì diànyǐng.
我学了两年汉语。　　Wǒ xuéle liǎng nián Hànyǔ.

4．再び文末の"了"

"了"は英語の過去形のようなものではありません。次のような文では"了"を用いません。

我前天很忙。　　　　Wǒ qiántiān hěn máng.　　▶前天「一昨日」
我昨天不忙。　　　　Wǒ zuótiān bù máng.
去年的夏天很热。　　Qùnián de xiàtiān hěn rè.　　▶夏天「夏」
去年的冬天很冷。　　Qùnián de dōngtiān hěn lěng.　　▶冬天「冬」

文末に"了"を加えると「…になった」という意味になったり，きっぱりと言い切る語気が加わる場合があります。

十点了。　　　　Shí diǎn le.
我肚子饿了。　　Wǒ dùzi è le.
没有时间了。　　Méiyǒu shíjiān le.
对了！　　　　　Duì le!
我走了。　　　　Wǒ zǒu le.
我不要了。　　　Wǒ bú yào le.

○ 练习　Liànxí

1. 日本語に訳しなさい。①に気をつけること。

　　① 他不结婚。　Tā bù jiéhūn.　▶结婚「結婚する」

　　② 他已经结婚了。　Tā yǐjīng jiéhūn le.

　　③ 他还没结婚。　Tā hái méi jiéhūn.

2. 例にならって否定形に書き換えなさい。"了"は消えます。

　　例）他去了。　　→　他没去。＿＿＿＿＿＿
　　① 她来了。　　→　＿＿＿＿＿＿＿＿
　　② 他去中国了。→　＿＿＿＿＿＿＿＿
　　③ 她来日本了。→　＿＿＿＿＿＿＿＿

3. 対話の意味を考え，発音しなさい。

　　A：你吃饭了吗?　　　Nǐ chīfàn le ma?
　　B：我吃饭了。　　　 Wǒ chīfàn le.
　　A：你吃了什么?　　　Nǐ chīle shénme?
　　B：我吃了一碗拉面。　Wǒ chīle yì wǎn lāmiàn.　▶拉面「ラーメン」

4. ピンインを参考にして（　）内に単語を書きなさい。

　　① dōngxi　　（　　　）名 物。品物。
　　② piàoliang （　　　）形 きれいだ。美しい。
　　③ wǔfàn　　 （　　　）名 昼食。
　　④ miàntiáo （　　　）名 うどん。
　　⑤ rè　　　　（　　　）形 暑い。
　　⑥ lěng　　　（　　　）形 寒い。

第二十课　何をしているの？
Dì-èrshí kè

课文 Kèwén

老师：你 在 干 什么 呢?
　　　Nǐ zài gàn shénme ne?

里美：我 在 写 报告 呢。
　　　Wǒ zài xiě bàogào ne.

老师：哎呀，外边 下 雨 了!
　　　Āiyā, wàibian xià yǔ le!

里美：不 要紧，我 带着 伞 呢。
　　　Bú yàojǐn, wǒ dàizhe sǎn ne.

老师：我 没 带。
　　　Wǒ méi dài.

里美：我 送 您 回家。我们 打 一 把 伞 好 了。
　　　Wǒ sòng nín huíjiā. Wǒmen dǎ yì bǎ sǎn hǎo le.

語句　　は既出。

在 zài 動（どこどこに）ある。（どこどこに）いる。介（どこどこ）で。（どこどこ）に。副…している（ところだ）。
干 gàn 動 する。やる。
呢 ne 助 ①…は？②答えを求める語気を表す。③進行を表す。
写报告 xiě bàogào レポートを書く。
哎呀 āiyā 感 おや。驚きを表す。
外边 wàibian 方 外。

下雨 xià yǔ 雨が降る。
不要紧 bú yàojǐn 大丈夫だ。
带着伞 dàizhe sǎn 傘を持っている。
送 sòng 動 ①送る。見送る。②贈る。プレゼントする。
回家 huíjiā 動 帰宅する。
打一把伞 dǎ yì bǎ sǎn 1本の傘をさす。
…好了 …hǎo le …すればいい。

● 要点

1．2種類の「…している」

「…している（ところだ）」という進行の表現は，動詞の前に副詞"在"を置いて表します。文末によく語気助詞"呢"を加えます。⇒ 76 頁参照。

  你在干什么呢？ Nǐ zài gàn shénme ne?
  我在找钱包呢。 Wǒ zài zhǎo qiánbāo ne.
   ▶找钱包「財布をさがす」

「傘を持っている」「帽子をかぶっている」の「…している」は進行ではなく，「傘を携帯した」状態の持続，「帽子をかぶった」状態の持続と考えます。持続の表現は，動詞の後ろに"着"を置いて表します。文末に語気助詞"呢"を加えることもあります。

  我带着伞呢。 Wǒ dàizhe sǎn ne.
  我带着表呢。 Wǒ dàizhe biǎo ne. ▶表「（腕）時計」
  他戴着帽子呢。 Tā dàizhe màozi ne. ▶戴帽子「帽子をかぶる」
  他戴着眼镜呢。 Tā dàizhe yǎnjìng ne.
   ▶戴眼镜「めがねをかける」

中国語では「立っている」「座っている」も持続の表現で表します。

  他在外边站着呢。 Tā zài wàibian zhànzhe ne. ▶站「立つ」
  他在椅子上坐着呢。 Tā zài yǐzi shàng zuòzhe ne.

2．「雨が降る」など

中国語では「雨が降る」など自然現象を表すとき，「雨が」などを動詞の後ろに置きます。

  秋天经常下雨。 Qiūtiān jīngcháng xià yǔ.
   ▶秋天「秋」 ▶经常「よく，しょっちゅう」
  春天经常刮风。 Chūntiān jīngcháng guā fēng.
   ▶春天「春」 ▶刮风「風が吹く」

3. 動詞"送"

"送"には「送る，見送る」「贈る，プレゼントする」の意味があります。

我送你到车站。　　Wǒ sòng nǐ dào chēzhàn.　▶车站「駅」
我送你一件礼物。　Wǒ sòng nǐ yí jiàn lǐwù.
　▶一件礼物「1つのプレゼント」

4. 注意すべき量詞 ⇒ 34 頁参照。

"把"は握って使う物を数えます。

一把伞　　yì bǎ sǎn　　　　　两把钥匙　liǎng bǎ yàoshi
这把椅子　zhè bǎ yǐzi

"张"は平らな面を持った物を数えます。

一张画　　yì zhāng huà　　　两张床　liǎng zhāng chuáng
这张桌子　zhè zhāng zhuōzi

"件"は"事""衣服""礼物"を数えます。

一件事　　yí jiàn shì　　　　两件衣服　liǎng jiàn yīfu
这件礼物　zhè jiàn lǐwù

「帽子」は"顶"で数えます。

一顶帽子　yì dǐng màozi

動物の多くは"只"で数えます。

一只猫　yì zhī māo　　　　　一只鸟　yì zhī niǎo　▶鸟「鳥」

棒状の物は"支"で数えます。"支"の発音は"只"と同じです。

一支笔　yì zhī bǐ　　　　　　一支铅笔　yì zhī qiānbǐ
　　　　　　　　　　　　　　▶铅笔「鉛筆」

何をしているの？

◯ 练习 Liànxí

1. 日本語に訳しなさい。

① 他在听音乐呢。 Tā zài tīng yīnyuè ne.

② 她今天穿着一件很漂亮的衣服呢。
　　Tā jīntiān chuānzhe yí jiàn hěn piàoliang de yīfu ne.
　　▶穿衣服「服を着る」

③ 这里冬天经常下雪。 Zhèlǐ dōngtiān jīngcháng xià xuě.

2. （　）内に"在""着"のどちらかを入れなさい。③に気をつけること。

① 他（　　）看报呢。　　▶报 bào「新聞」
② 他（　　）洗衣服呢。　▶洗 xǐ「洗う」
③ 他（　　）沙发上躺（　　）呢。
　　　▶沙发 shāfā「ソファー」 ▶躺 tǎng「横たわる」

3. ピンインを参考にして（　）内に単語を書きなさい。

① dài　　　（　　）動 持つ。携える。
② bàogào　（　　）名 レポート。
③ zhǎo　　（　　）動 さがす。
④ qiánbāo （　　）名 財布。
⑤ lǐwù　　（　　）名 プレゼント。
⑥ yàoshi　（　　）名 鍵。キー。

4. 中国語に訳しなさい。

① あなたは何をしているのですか？

② 外は雨が降ってきた！

第 二十一 课　　なん年生まれですか？
Dì-èrshíyī kè

课文　Kèwén

老师：里美，你 爸爸 是 哪 一 年 出生 的?
　　　Lǐměi, nǐ bàba shì nǎ yì nián chūshēng de?

里美：一 九 六 九 年 出生 的。
　　　Yī jiǔ liù jiǔ nián chūshēng de.

老师：他 属 什么?
　　　Tā shǔ shénme?

里美：他 属 鸡。李 老师，您 呢?
　　　Tā shǔ jī. Lǐ lǎoshī, nín ne?

老师：我 也 属 鸡。我 比 你 爸爸 小 一 轮。
　　　Wǒ yě shǔ jī. Wǒ bǐ nǐ bàba xiǎo yì lún.

里美：哦，我 爸爸 比 您 大 十二 岁。
　　　Ò, wǒ bàba bǐ nín dà shí'èr suì.

語句　　は既出。

是 哪 一 年 出 生 的 shì nǎ yì nián chūshēng de なん年に生まれたのか。

他 tā 代 彼。

属 shǔ 動 ①属する。②（干支を言うときの）…年である。

鸡 jī 名 鶏。

也 yě 副 …も。…もまた。

比 bǐ 動 比べる。介 …に比べて。…より。

小 xiǎo 形 ①小さい。②若い。年下だ。

一轮 yì lún （年齢差の）ひと回り。12歳。

哦 ò 感 ははん。納得を表す。

大 dà 形 ①大きい。②歳をとっている。

十二岁 shí'èr suì 12歳。

◯ 要点

1. "是…的"の文

過去の事実が「いつ」行われたかを強調するときは，"是…的"の文を用います。"是"は省略可能です。

你是哪一年出生的？　　Nǐ shì nǎ yì nián chūshēng de?
我是二〇〇一年出生的。　Wǒ shì èr líng líng yī nián chūshēng de.
你是什么时候来的？　　Nǐ shì shénme shíhou lái de?
我是上星期四来的。　　Wǒ shì shàng xīngqīsì lái de.

▶上星期四「先週の木曜日」

過去の事実が「どこで」行われたか，「どのように」行われたかなどを強調するときも"是…的"の文を用います。"是"は省略可能です。

你是在哪儿学的？　Nǐ shì zài nǎr xué de?
我是在大学学的。　Wǒ shì zài dàxué xué de.
你是怎么来的？　　Nǐ shì zěnme lái de?
我是坐飞机来的。　Wǒ shì zuò fēijī lái de.

▶坐飞机「飛行機に乗る」

他是从哪儿来的？　Tā shì cóng nǎr lái de?
他是从台湾来的。　Tā shì cóng Táiwān lái de.

2. 干支（えと）の言い方

干支には「子（ね）」「丑（うし）」「寅（とら）」「卯（う）」「辰（たつ）」「巳（み）」「午（うま）」「未（ひつじ）」「申（さる）」「酉（とり）」「戌（いぬ）」「亥（い）」の12種類があります。十二支（じゅうにし）ともいいます。中国では最後の「亥」は「猪（いのしし）」ではなく，「豚（ぶた）」です。

你属什么？　Nǐ shǔ shénme?
我属龙。　　Wǒ shǔ lóng.

鼠 shǔ	牛 niú	虎 hǔ	兔 tù
龙 lóng	蛇 shé	马 mǎ	羊 yáng
猴 hóu	鸡 jī	狗 gǒu	猪 zhū

干支を言うとき以外，"鼠""虎"は"老鼠 lǎoshǔ""老虎 lǎohǔ"と言います。"兔""猴"は"兔子 tùzi""猴子 hóuzi"と言います。

3. 介詞"比"

"比"は「比べる」という意味が弱まって「…に比べて，…より」という意味の介詞として使うことがあります。"A比B…"で「AはBより…だ」という意味になります。

他比我胖。　　　　Tā bǐ wǒ pàng.　　▶胖「太っている」
爸爸比妈妈大。　　Bàba bǐ māma dà.
这个比那个贵。　　Zhège bǐ nàge guì.

「ちょっと太っている」「2歳年上だ」の「ちょっと」「2歳」などの言葉は形容詞の後ろに置きます。

他比我胖一点儿。　　　Tā bǐ wǒ pàng yìdiǎnr.
爸爸比妈妈大两岁。　　Bàba bǐ māma dà liǎng suì.
这个比那个贵十块。　　Zhège bǐ nàge guì shí kuài.

「AはBほど…でない」という否定は"A没[有]B…"で表します。

我没有她瘦。　　　　　Wǒ méiyǒu tā shòu.　　▶瘦「瘦せている」
这个没有那个便宜。　　Zhège méiyǒu nàge piányi.
上海没有北京冷。　　　Shànghǎi méiyǒu Běijīng lěng.

○ 练习　Liànxí

1. 日本語に訳しなさい。

　① 他是什么时候去的？　Tā shì shénme shíhou qù de?

　② 你哥哥比你大几岁？　Nǐ gēge bǐ nǐ dà jǐ suì?

　③ 这件衣服没有那件衣服好看。
　　　Zhè jiàn yīfu méiyǒu nà jiàn yīfu hǎokàn.　▶好看「きれいだ」

2. 意味の違いを考え、発音しなさい。

　① 他昨天来了。　　Tā zuótiān lái le.
　② 她是昨天来的。　Tā shì zuótiān lái de.
　③ 他怎么没去？　　Tā zěnme méi qù?
　④ 她是怎么去的？　Tā shì zěnme qù de?

3. ピンインを参考にして（　）内に単語を書きなさい。

　① zuò　　（　　　）動 ①座る。②（乗り物に）乗る。
　② fēijī　（　　　）名 飛行機。
　③ cóng　 （　　　）介 …から。
　④ zhū　　（　　　）名 豚。
　⑤ guì　　（　　　）形 （値段が）高い。
　⑥ piányi　（　　　）形 （値段が）安い。

4. 中国語に訳しなさい。

　① あなたの干支は何ですか？

　② 父は母より1歳年上です。

第 二十二 课　誕生日おめでとう！
Dì-èrshí'èr kè

课文 Kèwén

老师：啊，里美，你来了。有事吗？
　　　À, Lǐměi, nǐ lái le. Yǒu shì ma?

里美：嗯，有点儿事。
　　　Ǹg, yǒu diǎnr shì.

老师：那你快进来坐坐吧。
　　　Nà nǐ kuài jìnlái zuòzuo ba.

里美：李老师，今天是不是……？
　　　Lǐ lǎoshī, jīntiān shì bú shì……?

老师：什么事？
　　　Shénme shì?

里美：今天您过生日吧？祝您生日快乐！
　　　Jīntiān nín guò shēngrì ba? Zhù nín shēngrì kuàilè!

語句　　は既出。／はどちらで読んでもよいことを示す。

啊 à 感 ああ。何かに気づいたことを表す。
有事 yǒu shì 用事がある。
嗯 ǹg 感 うん。はい。肯定や承諾を表す。
点儿 diǎnr 量 少し。ちょっと。
快 kuài 形 （速度が）速い。副 はやく。急いで。
进来 jìnlái/jìnlai 動 入って来る。方向補語の表現。

坐坐 zuòzuo ちょっと座る。
吧 ba 助 提案・推量・命令などの語気を表す。
今天 jīntiān 名 今日。
过 guò 動 ①過ぎる。②過ごす。（誕生日などを）祝う。
生日 shēngrì 名 誕生日。
祝 zhù 動 祈る。願う。
快乐 kuàilè 形 楽しい。愉快だ。

◯ 要点

1. "一"の省略

"一"は「1」という強い意味を持たないとき，省略することがあります。"这个""那个""哪个"も"一"が省略されたものと考えられます。

我有［一］点儿事。　　Wǒ yǒu [yì]diǎnr shì.
我喝［一］杯茶。　　　Wǒ hē [yì] bēi chá.
这［一］本书多少钱？　Zhè [yì] běn shū duōshao qián?
哪［一］个最便宜？　　Nǎ [yí] ge zuì piányi?
这［一］个比那［一］个贵［一］点儿。
Zhè [yí] ge bǐ nà [yí] ge guì [yì]diǎnr.

2.「はやい」「おそい」

速度の「はやい」「おそい」は"快""慢"と言い，時刻の「はやい」「おそい」は"早""晚"と言います。次の例の"点儿"は"一点儿"の"一"が省略されたものです。

你快点儿走。　Nǐ kuài diǎnr zǒu.
你慢点儿走。　Nǐ màn diǎnr zǒu.　▶慢「（速度が）遅い」
他早点儿来。　Tā zǎo diǎnr lái.
他晚点儿来。　Tā wǎn diǎnr lái　▶晚「（時刻が）おそい」

3. 方向補語

動詞の後ろに"来""去"を置くと「…して来る」「…して行く」という意味になります。"来"は「こちらへの方向」，"去"は「そちらへの方向」を表します。このような"来""去"を方向補語といいます。

上来　shànglái　　上去　shàngqù　▶上「上がる，上る」
下来　xiàlái　　　下去　xiàqù　　▶下「降りる，下る」
进来　jìnlái　　　进去　jìnqù
出来　chūlái　　　出去　chūqù　　▶出「出る」

回来 huílái	回去 huíqù	▶回「帰る」
过来 guòlái	过去 guòqù	▶过「過ぎる」
起来 qǐlái	——	▶起「起きる」

"过来"は「(こちらに)やって来る」という意味で、"过去"は逆方向を表します。"起来"は「起きる、起き上がる」という意味で、逆方向の"…去"はありません。

 你过来看看。 Nǐ guòlái kànkan.
 我过去看看。 Wǒ guòqù kànkan.
 你早上几点起来？ Nǐ zǎoshang jǐ diǎn qǐlái? ▶早上「朝」

"上来""上去"…"起来"を別の動詞の後ろに置くこともあります。

走上来	走上去	
跑下来	跑下去	▶跑 pǎo「走る」
走进来	走进去	
跑出来	跑出去	
拿回来	拿回去	▶拿 ná「持つ、(手に)取る」
搬过来	搬过去	▶搬 bān「運ぶ」
站起来	——	

"站起来"は「立ち上がる」という意味です。

 你快站起来。 Nǐ kuài zhàn qǐlái.

4. "祝你…"

祝你生日快乐！	Zhù nǐ shēngrì kuàilè!
祝你新年快乐！	Zhù nǐ xīnnián kuàilè!
祝您身体健康！	Zhù nín shēntǐ jiànkāng! ▶健康「健康だ」
祝您工作顺利！	Zhù nín gōngzuò shùnlì! ▶顺利「順調だ」
祝你们一路平安！	Zhù nǐmen yílù píng'ān! ▶一路「道中」

○ 练习　Liànxí

1. 日本語に訳しなさい。

　① 你多吃点儿菜吧。　Nǐ duō chī diǎnr cài ba.

　② 这个比那个贵点儿。　Zhège bǐ nàge guì diǎnr.

　③ 我明天早点儿起来。　Wǒ míngtiān zǎo diǎnr qǐlái.

2. "早…""晚…"の意味を考え，発音しなさい。

　① 我吃早饭。　Wǒ chī zǎofàn.
　② 我吃晚饭。　Wǒ chī wǎnfàn.
　③ 早上好！　Zǎoshang hǎo!
　④ 晚上好！　Wǎnshang hǎo!

3. ピンインを参考にして（　）内に単語を書きなさい。

　① kuài　（　）形（速度が）速い。副 はやく。急いで。
　② màn　（　）形（速度が）遅い。
　③ huí　（　）動 帰る。
　④ pǎo　（　）動 走る。
　⑤ ná　（　）動 持つ。（手に）取る。
　⑥ zhàn　（　）動 立つ。名 駅。

4. 中国語に訳しなさい。

　① あなたはどんな用事がありますか？

　② 誕生日おめでとう！

補講

『初級中国語 補講』
補講２課

補講開始

老师： 里美，你好！
lǎoshī: Lǐměi, nǐ hǎo!

我 希望 你 继续 努力 学习 汉语。
Wǒ xīwàng nǐ jìxù nǔlì xuéxí Hànyǔ.

里美： 李 老师，您好！
Lǐměi: Lǐ lǎoshī, nín hǎo!

我 打算 明年 去 中国 留学。
Wǒ dǎsuàn míngnián qù Zhōngguó liúxué.

请 您 多多 指教。
Qǐng nín duōduō zhǐjiào.

先生：里美（さとみ）さん，こんにちは！
　　　中国語の勉強をしっかり続けてください。
里美：李（リ）先生，こんにちは！
　　　来年，中国に留学するつもりです。
　　　よろしくご指導ください。

第二十三课　やり終えましたか？
Dì-èrshísān kè

课文 Kèwén

老师： 今天 的 作业 你 已经 做完 了 吗？
　　　Jīntiān de zuòyè nǐ yǐjīng zuòwán le ma?

里美： 我 还 没 做完。
　　　Wǒ hái méi zuòwán.

老师： 今天 做得完 吗？
　　　Jīntiān zuòdewán ma?

里美： 恐怕 做不完。
　　　Kǒngpà zuòbuwán.

老师： 那 怎么 办？
　　　Nà zěnme bàn?

里美： 没 办法。我 慢慢儿 做。
　　　Méi bànfǎ. Wǒ mànmānr zuò.

語句　　は既出。

作业 zuòyè 名 宿題。課題。
已经 yǐjīng 副 すでに。もう。
做完 zuòwán やり終える。やり終わる。結果補語の表現。
还 hái 副 ①まだ。さらに。②まだ(…ない)。
没 méi 動 持っていない。…がない。…がいない。副 …しなかった。…していない。…したことがない。
做得完 zuòdewán やり終えられる。可能補語の表現。
恐怕 kǒngpà 副 おそらく。たぶん。
做不完 zuòbuwán やり終えられない。可能補語の表現。
怎么办 zěnme bàn どうする。
办法 bànfǎ 名 方法。仕方。
慢慢儿 mànmānr ゆっくり。

101

○ 要点

1. 結果補語

"做完"は「やり終える、やり終わる」という意味で、後ろの"完"は"做"の結果を表します。このような語を結果補語といいます。

　　做完 zuòwán　　　　卖完 màiwán　　▶卖「売る」
　　听懂 tīngdǒng　　　看懂 kàndǒng

　　你已经做完了吗？　Nǐ yǐjīng zuòwán le ma?
　　我还没做完。　　　Wǒ hái méi zuòwán.
　　这句话你听懂了吗？ Zhè jù huà nǐ tīngdǒng le ma?
　　　▶这句话「この話」
　　这句话我没听懂。　 Zhè jù huà wǒ méi tīngdǒng.

結果補語の表現をいくつか挙げます。

　　写错 xiěcuò　　　　说错 shuōcuò　　▶错「間違っている」
　　来晚 láiwǎn　　　　去晚 qùwǎn
　　吃多 chīduō　　　　喝多 hēduō
　　学好 xuéhǎo　　　　说好 shuōhǎo
　　找到 zhǎodào　　　 买到 mǎidào

2. 可能補語

"做完"などの中間に"得"を入れて"做得完"とすると「やり終えられる」という意味の可能補語の表現に変わることがあります。否定の「やり終えられない」は"得"の代わりに"不"を入れて"做不完"とします。

　　做得完 zuòdewán　　　做不完 zuòbuwán
　　卖得完 màidewán　　　卖不完 màibuwán
　　听得懂 tīngdedǒng　　 听不懂 tīngbudǒng
　　看得懂 kàndedǒng　　　看不懂 kànbudǒng

今天做得完吗？　　　Jīntiān zuòdewán ma?
恐怕做不完。　　　　Kǒngpà zuòbuwán.
这句话你听得懂吗？　Zhè jù huà nǐ tīngdedǒng ma?
这句话我听不懂。　　Zhè jù huà wǒ tīngbudǒng.

"对不起"「申し訳がたたない，すみません」は可能補語の否定形を用いた表現で，肯定形は"对得起"です。

你对得起父母吗？　Nǐ duìdeqǐ fùmǔ ma?
我对不起父母。　　Wǒ duìbuqǐ fùmǔ.

3. "慢慢儿"など

"慢"は「遅い」という意味ですが，2つ重ねて"慢慢"とすると「ゆっくり（…する）」という意味になります。よくアル化し，後ろの"慢"が第1声に変調します。また，後ろに助詞"地"を加えることもあります。このような言葉としてほかに"好好儿[地]"があります。

我慢慢儿［地］吃。　Wǒ mànmānr [de] chī.
我好好儿［地］学。　Wǒ hǎohāor [de] xué.
　▶好好儿「よく，しっかり」

4. "没…"

没关系。　Méi guānxi.
没事。　　Méi shì.
没什么。　Méi shénme.
没问题。　Méi wèntí.　▶问题「問題」
没办法。　Méi bànfǎ.

○ 练习　Liànxí

1. 結果補語の表現を作りなさい。

　例）想 xiǎng　到 dào　→　想到了_____（思いついた）
　① 走 zǒu　累 lèi　→　_____（歩き疲れた）
　② 吃 chī　饱 bǎo　→　_____（満腹になった）
　③ 洗 xǐ　干净 gānjìng　→　_____（きれいに洗った）
　④ 说 shuō　清楚 qīngchu　→　_____（はっきり言った）

2. 次の文を否定形に書き換えなさい。①④の"了"に気をつけること。

　① 我看懂了。　→　_____（見て分からなかった）
　② 我看得懂。　→　_____（見ても分からない）
　③ 我去。　　　→　_____（行かない）
　④ 我去了。　　→　_____（行かなかった）

3. ピンインを参考にして（　）内に単語を書きなさい。

　① zuòyè　（　　　）名　宿題。課題。
　② yǐjīng　（　　　）副　すでに。もう。
　③ hái　　（　　　）副　①まだ。さらに。②まだ（…ない）。
　④ kǒngpà （　　　）副　おそらく。
　⑤ xiě　　（　　　）動　書く。
　⑥ cuò　　（　　　）形　間違っている。

4. 中国語に訳しなさい。

　① どうしますか？

　② どうしようもありません。

第二十四课　话すのが上手だ
Dì-èrshísì kè

课文 Kèwén

老师： 里美，你 汉语 说 得 很 好 啊！
　　　 Lǐměi, nǐ Hànyǔ shuō de hěn hǎo a!

里美： 过奖， 过奖， 还 差 得 远 呢。
　　　 Guòjiǎng, guòjiǎng, hái chà de yuǎn ne.

老师： 你 觉得 学习 汉语 有 意思 吗？
　　　 Nǐ juéde xuéxí Hànyǔ yǒu yìsi ma?

里美： 我 觉得 很 有 意思。我 每 天 都
　　　 Wǒ juéde hěn yǒu yìsi. Wǒ měi tiān dōu

　　　 学习 汉语。
　　　 xuéxí Hànyǔ.

老师： 有 时间， 你 来 找 我。咱们 练习
　　　 Yǒu shíjiān, nǐ lái zhǎo wǒ. Zánmen liànxí

　　　 会话 吧。
　　　 huìhuà ba.

里美： 谢谢 李 老师。我 一定 学好 汉语。
　　　 Xièxie Lǐ lǎoshī. Wǒ yídìng xuéhǎo Hànyǔ.

語句　　は既出。

得 de 助 状態補語を作る。
啊 a 助 驚きなどの語気を表す。
过奖 guòjiǎng 動 ほめすぎる。
差得远 chà de yuǎn 遠く及ばない。
　まだまだだ。状態補語の表現。
觉得 juéde 動 感じる。思う。
有意思 yǒu yìsi 形 おもしろい。
每天 měi tiān 名 毎日。

找 zhǎo 動 ①（物を）さがす。②
　（人を）訪ねる。
咱们 zánmen 代 私たち。話し相手
　を含んだ言い方。
练习会话 liànxí huìhuà 会話を練習
　する。
一定 yídìng 副 必ず。きっと。
学好 xuéhǎo ちゃんと学ぶ。

105

◯ 要点

1. 状態補語

"说得很好"は「話し方がとても上手だ」という意味です。「…の仕方が～」だと言うときにはこの状態補語の表現を用います。"…得～"は可能補語と同じ形ですが、意味は異なります。

说得很好　shuō de hěn hǎo
说得不好　shuō de bù hǎo
走得很慢　zǒu de hěn màn
跑得很快　pǎo de hěn kuài

他说得好不好?　　　Tā shuō de hǎo bù hǎo?
他讲得怎么样?　　　Tā jiǎng de zěnmeyàng?　▶讲「話す，言う」
你来得这么早啊!　　Nǐ lái de zhème zǎo a!
你走得怎么这么慢?　Nǐ zǒu de zěnme zhème màn?

2. 語気助詞 "啊"

"啊"は驚きのほか，肯定・疑問などの語気を表します。

多美啊!　　　Duō měi a!
那么贵啊!　　Nàme guì a!
是啊。　　　　Shì a.
你去不去啊?　Nǐ qù bú qù a?
你找谁啊?　　Nǐ zhǎo shéi a?

"啊"の直前の音によって"呀""哇""哪 na"に変わることがあります。"哪 na"は，疑問詞"哪 nǎ"と同じ漢字を使います。

对呀!　　　Duì ya!
好哇!　　　Hǎo wa!
多好看哪!　Duō hǎokàn na!

"了 le" に "啊" が加わって "啦" になることがあります。

 你辛苦啦！   Nǐ xīnkǔ la!
 她们已经走啦！ Tāmen yǐjīng zǒu la!

3. 動詞 "觉得"

 "觉得" は「感じる，思う」という意味の動詞です。"得" が含まれていますが，可能補語・状態補語ではありません。

 我觉得很舒服。 Wǒ juéde hěn shūfu. ▶舒服「心地よい」
 我觉得没意思。 Wǒ juéde méi yìsi. ▶没意思「つまらない」
 你觉得累吗？ Nǐ juéde lèi ma?
 你觉得怎么样？ Nǐ juéde zěnmeyàng?

4. 助詞 "的" "得" "地"

 "的" "得" "地" はすべて "de" と発音しますが，用法が異なります。

 这是谁的课本？ Zhè shì shéi de kèběn?
 这本词典是我的。 Zhè běn cídiǎn shì wǒ de. ▶词典「辞典」
 这是我做的菜。 Zhè shì wǒ zuò de cài.
 我是昨天来的。 Wǒ shì zuótiān lái de.
 是的。 Shì de.
 好的。 Hǎo de.

 你听得懂吗？ Nǐ tīngdedǒng ma?
 你说得太快了。 Nǐ shuō de tài kuài le.

 我慢慢儿地吃饭。 Wǒ mànmānr de chīfàn.
 我好好儿地学习。 Wǒ hǎohāor de xuéxí.

○ 练习　Liànxí

1. 日本語に訳しなさい。

① 他唱歌唱得怎么样？　Tā chàng gē chàng de zěnmeyàng?

② 咱们一起去吃饭吧。　Zánmen yìqǐ qù chīfàn ba.

③ 这件事她们不一定知道。　Zhè jiàn shì tāmen bù yídìng zhīdào.
　　▶不一定「…とは限らない」

2. (　) 内に"的""得""地"のいずれかを入れなさい。

① 我 (　　) 老师是中国人。　　(私の先生)
② 你来 (　　) 很早。　　　　　(来るのが早い)
③ 我慢慢儿 (　　) 学。　　　　(ゆっくりと学ぶ)
④ 你是怎么来 (　　) ?　　　　(どのように来たのか)

3. ピンインを参考にして (　) 内に単語を書きなさい。

① shuō　　(　　) 動 話す。言う。
② zhǎo　　(　　) 動 ①(物を) さがす。②(人を) 訪ねる。
③ zhème　 (　　) 代 このように。
④ nàme　　(　　) 代 そのように。接 それでは。
⑤ zěnme　 (　　) 疑 ①どのように。②なぜ。
⑥ shūfu　 (　　) 形 心地よい。

4. 中国語に訳しなさい。

① 中国語の勉強はとてもおもしろい。

② 私は必ず中国語をマスターします。

【付　録】

ピンインなしで読んでみよう

02　授業開始

　　老师：同学们好！
　　　　　现在开始上课。
　　　　　我们先点名。
　　　　　高村里美！
　　里美：到！

第一课　こんにちは！

03　① 老师：你好！
　　　 里美：老师好！
04　② 老师：再见！
　　　 里美：老师再见！

第二课　ありがとう

08　① 老师：谢谢。
　　　 里美：不客气。
09　② 老师：对不起！
　　　 里美：没关系。

第三课　1，2，3，4

16　① 老师：一，二，三，四。
　　　 里美：五，六，七，八……九，十。
17　② 老师：一月，二月，三月，四月……
　　　 里美：十月，十一月，十二月。
　　　 老师：一号，二号，三号，四号……
　　　 里美：三十号，三十一号。

第四课　最近元気ですか？

25　① 老师：你最近好吗？
　　　里美：我很好，谢谢。

26　② 老师：你累不累？
　　　里美：我不累。

27　③ 老师：你懂不懂？
　　　里美：我不懂。

第五课　お名前は？

28　① 老师：你叫什么？
　　　里美：我叫高村里美。

29　② 老师：我叫李健。认识你，我很高兴。
　　　里美：认识您，我也很高兴。请多关照。

第六课　これは何ですか？

30　① 老师：这是什么？
　　　里美：这是汉语课本。

31　② 老师：他是谁？
　　　里美：他是我的同学。
　　　老师：你们都是日本人吗？
　　　里美：是，我们都是日本人。

第七课　兄弟がいますか？

34　① 老师：你家在哪儿？
　　　里美：我家在学校附近。

35　② 老师：你有兄弟姐妹吗？
　　　里美：有，我有一个哥哥。
　　　老师：你哥哥也是大学生吗？

里美：是的。他是大学四年级学生。

第八课　何がありますか？

1　老师：你的房间里有什么？
　　里美：有一张床、一张桌子、一把椅子……

2　老师：你家有几口人？
　　里美：我家有四口人。爸爸、妈妈、哥哥和我。

第九课　何月何日？

1　老师：里美，你的生日是几月几号？
　　里美：我的生日是一月一号。
　　老师：是吗？
　　里美：李老师，您的手机号码是多少？
　　老师：〇九〇－一二三四－五六七八。
　　里美：真的？！

2　老师：今天星期几？
　　里美：今天星期三。

第十课　何時？

1　老师：现在几点？
　　里美：现在两点二十分。

2　老师：里美，你多大？
　　里美：我十八岁。
　　老师：你妈妈多大年纪？
　　里美：我妈妈四十三岁。

第十一课　値段はいくら？

1　老师：这本中文书多少钱？
　　里美：很便宜，四十块。

老师：那本日文书多少钱？

里美：很贵，两千二百日元。

② 老师：里美，你一个月花多少钱？

里美：四万日元左右。

第十二课　最近どうですか？

① 老师：你最近怎么样？

里美：我最近学习很忙。

② 老师：里美，你怎么了？

里美：我肚子饿了。

老师：你去食堂吃饭吧。

里美：那我走了。李老师，再见！

授業再開

老师：大家好！

　　　我叫李健。

　　　认识你们很高兴。

里美：我叫高村里美。

　　　我现在学习汉语。

　　　请多关照。

第十三课　好きですか？

老师：里美，好久不见了。你最近怎么样？

里美：我很好，谢谢。李老师，您呢？

老师：我也很好。里美，你喜欢吃中国的饺子吗？

里美：我非常喜欢。

老师：明天你来我家玩儿。我给你包饺子。

里美：太好了。那明天见！

第十四课　それとも？

老师：你喜欢吃饺子，还是喜欢吃包子？

里美：我喜欢吃饺子。

老师：你会包饺子吗？

里美：我不会。包饺子难不难？

老师：不怎么难。我教你包。

里美：好，那么我试一试。

第十五课　私が作ったギョーザ

老师：里美，你尝一尝我包的饺子。

里美：我先尝尝我自己包的。

老师：味道怎么样？

里美：中国的水饺真好吃！

老师：还有很多，你多吃一点儿吧。

里美：那我就不客气了。

第十六课　行ったことがある

老师：里美，你去过中国吗？

里美：我没有去过。

老师：你想去中国吗？

里美：我很想去。

老师：你打算什么时候去？

里美：我打算明年三月去一趟。

第十七课　どこで働いていますか？

老师：你父母在哪儿工作？

里美：爸爸在一家公司工作。

老师：你妈妈呢？

里美：妈妈在家里做家务。

老师：你父母想不想去中国？

里美：他们都想去。我打算跟父母一起去中国。

第十八课　買い物に行きたい

老师：你下午还有别的事吗？

里美：我要去买东西。

老师：你多坐一会儿吧。

里美：不行，我要走了。

老师：有时间，请再来。

里美：谢谢李老师。打搅您了。

第十九课　買い物に行きましたか？

老师：昨天你去买东西了吗？

里美：去了。

老师：你买了什么？

里美：我买了一件衣服。

老师：没买别的吗？

里美：对了！我还买了一顶很漂亮的帽子。

第二十课　何をしているの？

老师：你在干什么呢？

里美：我在写报告呢。

老师：哎呀，外边下雨了！

里美：不要紧，我带着伞呢。

老师：我没带。

里美：我送您回家。我们打一把伞好了。

第二十一课　なん年生まれですか？

老师：里美，你爸爸是哪一年出生的？

里美：一九六九年出生的。

老师：他属什么？

里美：他属鸡。李老师，您呢？

老师：我也属鸡。我比你爸爸小一轮。

里美：哦，我爸爸比您大十二岁。

第二十二课　誕生日おめでとう！

老师：啊，里美，你来了。有事吗？

里美：嗯，有点儿事。

老师：那你快进来坐坐吧。

里美：李老师，今天是不是……？

老师：什么事？

里美：今天您过生日吧？祝您生日快乐！

補講開始

老师：里美，你好！

　　　我希望你继续努力学习汉语。

里美：李老师，您好！

　　　我打算明年去中国留学。

　　　请您多多指教。

第二十三课　やり終えましたか？

老师：今天的作业你已经做完了吗？

里美：我还没做完。

老师：今天做得完吗？

里美：恐怕做不完。

老师：那怎么办？

里美：没办法。我慢慢儿做。

69 第二十四课　話すのが上手だ

老师：里美，你汉语说得很好啊！

里美：过奖，过奖，还差得远呢。

老师：你觉得学习汉语有意思吗？

里美：我觉得很有意思。我每天都学习汉语。

老师：有时间，你来找我。咱们练习会话吧。

里美：谢谢李老师。我一定学好汉语。

ピンインを漢字に改めよう

02 授業開始

lǎoshī: Tóngxuémen hǎo!

Xiànzài kāishǐ shàngkè.

Wǒmen xiān diǎnmíng.

Gāocūn Lǐměi!

Lǐměi: Dào!

Dì-1 kè　こんにちは！

03 1 lǎoshī: Nǐ hǎo!

Lǐměi: Lǎoshī hǎo!

04 2 lǎoshī: Zàijiàn!

Lǐměi: Lǎoshī zàijiàn!

Dì-2 kè　ありがとう

08 ① lǎoshī: Xièxie.
　　　　Lǐměi: Bú kèqi.
09 ② lǎoshī: Duìbuqǐ!
　　　　Lǐměi: Méi guānxi.

Dì-3 kè　1, 2, 3, 4

16 ① lǎoshī: Yī, èr, sān, sì.
　　　　Lǐměi: Wǔ, liù, qī, bā……jiǔ, shí.
17 ② lǎoshī: Yīyuè, èryuè, sānyuè, sìyuè……
　　　　Lǐměi: Shíyuè, shíyīyuè, shí'èryuè.
　　　　lǎoshī: Yī hào, èr hào, sān hào, sì hào……
　　　　Lǐměi: Sānshí hào, sānshíyī hào.

Dì-4 kè　最近元気ですか？

25 ① lǎoshī: Nǐ zuìjìn hǎo ma?
　　　　Lǐměi: Wǒ hěn hǎo, xièxie.
26 ② lǎoshī: Nǐ lèi bú lèi?
　　　　Lǐměi: Wǒ bú lèi.
27 ③ lǎoshī: Nǐ dǒng bù dǒng?
　　　　Lǐměi: Wǒ bù dǒng.

Dì-5 kè　お名前は？

28 ① lǎoshī: Nǐ jiào shénme?
　　　　Lǐměi: Wǒ jiào Gāocūn Lǐměi.
29 ② lǎoshī: Wǒ jiào Lǐ Jiàn. Rènshi nǐ, wǒ hěn gāoxìng.
　　　　Lǐměi: Rènshi nín, wǒ yě hěn gāoxìng. Qǐng duō guānzhào.

Dì-6 kè　これは何ですか？

(30) ① lǎoshī: Zhè shì shénme?
　　　Lǐměi: Zhè shì Hànyǔ kèběn.
(31) ② lǎoshī: Tā shì shéi?
　　　Lǐměi: Tā shì wǒ de tóngxué.
　　　lǎoshī: Nǐmen dōu shì Rìběnrén ma?
　　　Lǐměi: Shì, wǒmen dōu shì Rìběnrén.

Dì-7 kè　兄弟がいますか？

(34) ① lǎoshī: Nǐ jiā zài nǎr?
　　　Lǐměi: Wǒ jiā zài xuéxiào fùjìn.
(35) ② lǎoshī: Nǐ yǒu xiōngdì jiěmèi ma?
　　　Lǐměi: Yǒu, wǒ yǒu yí ge gēge.
　　　lǎoshī: Nǐ gēge yě shì dàxuéshēng ma?
　　　Lǐměi: Shì de. Tā shì dàxué sì niánjí xuésheng.

Dì-8 kè　何がありますか？

(38) ① lǎoshī: Nǐ de fángjiān lǐ yǒu shénme?
　　　Lǐměi: Yǒu yì zhāng chuáng、yì zhāng zhuōzi、yì bǎ yǐzi……
(39) ② lǎoshī: Nǐ jiā yǒu jǐ kǒu rén?
　　　Lǐměi: Wǒ jiā yǒu sì kǒu rén. Bàba、māma、gēge hé wǒ.

Dì-9 kè　何月何日？

(42) ① lǎoshī: Lǐměi, nǐ de shēngrì shì jǐyuè jǐ hào?
　　　Lǐměi: Wǒ de shēngrì shì yīyuè yī hào.
　　　lǎoshī: Shì ma?
　　　Lǐměi: Lǐ lǎoshī, nín de shǒujī hàomǎ shì duōshao?
　　　lǎoshī: Líng jiǔ líng - yī èr sān sì - wǔ liù qī bā.

Lǐměi: Zhēn de?!

43 ② lǎoshī: Jīntiān xīngqījǐ?

Lǐměi: Jīntiān xīngqīsān.

Dì-10 kè　何時？

44 ① lǎoshī: Xiànzài jǐ diǎn?

Lǐměi: Xiànzài liǎng diǎn èrshí fēn.

45 ② lǎoshī: Lǐměi, nǐ duō dà?

Lǐměi: Wǒ shíbā suì.

lǎoshī: Nǐ māma duō dà niánjì?

Lǐměi: Wǒ māma sìshísān suì.

Dì-11 kè　値段はいくら？

46 ① lǎoshī: Zhè běn Zhōngwén shū duōshao qián?

Lǐměi: Hěn piányi, sìshí kuài.

lǎoshī: Nà běn Rìwén shū duōshao qián?

Lǐměi: Hěn guì, liǎngqiān èrbǎi rìyuán.

47 ② lǎoshī: Lǐměi, nǐ yí ge yuè huā duōshao qián?

Lǐměi: Sìwàn rìyuán zuǒyòu.

Dì-12 kè　最近どうですか？

48 ① lǎoshī: Nǐ zuìjìn zěnmeyàng?

Lǐměi: Wǒ zuìjìn xuéxí hěn máng.

49 ② lǎoshī: Lǐměi, nǐ zěnme le?

Lǐměi: Wǒ dùzi è le.

lǎoshī: Nǐ qù shítáng chīfàn ba.

Lǐměi: Nà wǒ zǒu le. Lǐ lǎoshī, zàijiàn!

🎧50 授業再開

  lǎoshī: Dàjiā hǎo!
    Wǒ jiào Lǐ Jiàn.
    Rènshi nǐmen hěn gāoxìng.
  Lǐměi: Wǒ jiào Gāocūn Lǐměi.
    Wǒ xiànzài xuéxí Hànyǔ.
    Qǐng duō guānzhào.

🎧51 Dì-13 kè　好きですか？

  lǎoshī: Lǐměi, hǎojiǔ bújiàn le. Nǐ zuìjìn zěnmeyàng?
  Lǐměi: Wǒ hěn hǎo, xièxie. Lǐ lǎoshī, nín ne?
  lǎoshī: Wǒ yě hěn hǎo. Lǐměi, nǐ xǐhuan chī Zhōngguó de jiǎozi ma?
  Lǐměi: Wǒ fēicháng xǐhuan.
  lǎoshī: Míngtiān nǐ lái wǒ jiā wánr. Wǒ gěi nǐ bāo jiǎozi.
  Lǐměi: Tài hǎo le. Nà míngtiān jiàn!

🎧53 Dì-14 kè　それとも？

  lǎoshī: Nǐ xǐhuan chī jiǎozi, háishi xǐhuan chī bāozi?
  Lǐměi: Wǒ xǐhuan chī jiǎozi.
  lǎoshī: Nǐ huì bāo jiǎozi ma?
  Lǐměi: Wǒ bú huì. Bāo jiǎozi nán bù nán?
  lǎoshī: Bù zěnme nán. Wǒ jiāo nǐ bāo.
  Lǐměi: Hǎo, nàme wǒ shì yí shì.

🎧54 Dì-15 kè　私が作ったギョーザ

  lǎoshī: Lǐměi, nǐ cháng yì cháng wǒ bāo de jiǎozi.
  Lǐměi: Wǒ xiān chángchang wǒ zìjǐ bāo de.
  lǎoshī: Wèidào zěnmeyàng?

Lǐměi: Zhōngguó de shuǐjiǎo zhēn hǎochī!
lǎoshī: Hái yǒu hěn duō, nǐ duō chī yìdiǎnr ba.
Lǐměi: Nà wǒ jiù bú kèqi le.

Dì-16 kè　行ったことがある

lǎoshī: Lǐměi, nǐ qùguo Zhōngguó ma?
Lǐměi: Wǒ méiyǒu qùguo.
lǎoshī: Nǐ xiǎng qù Zhōngguó ma?
Lǐměi: Wǒ hěn xiǎng qù.
lǎoshī: Nǐ dǎsuàn shénme shíhou qù?
Lǐměi: Wǒ dǎsuàn míngnián sānyuè qù yí tàng.

Dì-17 kè　どこで働いていますか？

lǎoshī: Nǐ fùmǔ zài nǎr gōngzuò?
Lǐměi: Bàba zài yì jiā gōngsī gōngzuò.
lǎoshī: Nǐ māma ne?
Lǐměi: Māma zài jiā lǐ zuò jiāwù.
lǎoshī: Nǐ fùmǔ xiǎng bù xiǎng qù Zhōngguó?
Lǐměi: Tāmen dōu xiǎng qù. Wǒ dǎsuàn gēn fùmǔ yìqǐ qù Zhōngguó.

Dì-18 kè　買い物に行きたい

lǎoshī: Nǐ xiàwǔ hái yǒu biéde shì ma?
Lǐměi: Wǒ yào qù mǎi dōngxi.
lǎoshī: Nǐ duō zuò yíhuìr ba.
Lǐměi: Bù xíng, wǒ yào zǒu le.
lǎoshī: Yǒu shíjiān, qǐng zài lái.
Lǐměi: Xièxie Lǐ lǎoshī. Dǎjiǎo nín le.

Dì-19 kè 買い物に行きましたか？

lǎoshī: Zuótiān nǐ qù mǎi dōngxi le ma?

Lǐměi: Qù le.

lǎoshī: Nǐ mǎile shénme?

Lǐměi: Wǒ mǎile yí jiàn yīfu.

lǎoshī: Méi mǎi biéde ma?

Lǐměi: Duì le! Wǒ hái mǎile yì dǐng hěn piàoliang de màozi.

Dì-20 kè 何をしているの？

lǎoshī: Nǐ zài gàn shénme ne?

Lǐměi: Wǒ zài xiě bàogào ne.

lǎoshī: Āiyā, wàibian xià yǔ le!

Lǐměi: Bú yàojǐn, wǒ dàizhe sǎn ne.

lǎoshī: Wǒ méi dài.

Lǐměi: Wǒ sòng nín huíjiā. Wǒmen dǎ yì bǎ sǎn hǎo le.

Dì-21 kè なん年生まれですか？

lǎoshī: Lǐměi, nǐ bàba shì nǎ yì nián chūshēng de?

Lǐměi: Yī jiǔ liù jiǔ nián chūshēng de.

lǎoshī: Tā shǔ shénme?

Lǐměi: Tā shǔ jī. Lǐ lǎoshī, nín ne?

lǎoshī: Wǒ yě shǔ jī. Wǒ bǐ nǐ bàba xiǎo yì lún.

Lǐměi: Ò, wǒ bàba bǐ nín dà shí'èr suì.

Dì-22 kè 誕生日おめでとう！

lǎoshī: À, Lǐměi, nǐ lái le. Yǒu shì ma?

Lǐměi: Ǹg, yǒu diǎnr shì.

lǎoshī: Nà nǐ kuài jìnlái zuòzuo ba.

Lǐměi: Lǐ lǎoshī, jīntiān shì bú shì……?

lǎoshī: Shénme shì?

Lǐměi: Jīntiān nín guò shēngrì ba? Zhù nín shēngrì kuàilè!

67 補講開始

lǎoshī: Lǐměi, nǐ hǎo!

　　　　Wǒ xīwàng nǐ jìxù nǔlì xuéxí Hànyǔ.

Lǐměi: Lǐ lǎoshī, nín hǎo!

　　　　Wǒ dǎsuàn míngnián qù Zhōngguó liúxué.

　　　　Qǐng nín duōduō zhǐjiào.

68 Dì-23 kè　やり終えましたか？

lǎoshī: Jīntiān de zuòyè nǐ yǐjīng zuòwán le ma?

Lǐměi: Wǒ hái méi zuòwán.

lǎoshī: Jīntiān zuòdewán ma?

Lǐměi: Kǒngpà zuòbuwán.

lǎoshī: Nà zěnme bàn?

Lǐměi: Méi bànfǎ. Wǒ mànmānr zuò.

69 Dì-24 kè　話すのが上手だ

lǎoshī: Lǐměi, nǐ Hànyǔ shuō de hěn hǎo a!

Lǐměi: Guòjiǎng, guòjiǎng, hái chà de yuǎn ne.

lǎoshī: Nǐ juéde xuéxí Hànyǔ yǒu yìsi ma?

Lǐměi: Wǒ juéde hěn yǒu yìsi. Wǒ měi tiān dōu xuéxí Hànyǔ.

lǎoshī: Yǒu shíjiān, nǐ lái zhǎo wǒ. Zánmen liànxí huìhuà ba.

Lǐměi: Xièxie Lǐ lǎoshī. Wǒ yídìng xuéhǎo Hànyǔ.

ピンインを漢字に改めよう

小辞典兼索引

　ここには，本書に出てくる語をアルファベット順に並べ，品詞と意味を載せました。

　［　］内の数字は『Ⅰ』の頁を，（　）内の数字は『Ⅱ』の頁を，｜　｜内の数字は『補講』の頁を示します。頁の表示がないのは補足です。

　見出し語で／を用いて2通りのピンインを示したものは，どちらで発音してもかまいません。

　●の後ろはその語に関する説明です。

　品詞の略号は下のとおりです。

名	名詞	動	動詞
形	形容詞	代	代詞（代名詞など）
疑	疑問詞	副	副詞
数	数詞	量	量詞（助数詞）
方	方位詞	介	介詞（前置詞）
助動	助動詞	助	助詞
接	接続詞	数量	数量詞
感	感嘆詞	接頭	接頭辞
接尾	接尾辞		

A

à 啊 感 ああ。何かに気づいたことを表す。(95)

a 啊 助 驚き・肯定・疑問などの語気を表す。(81){105}●直前の音節の母音の影響で"呀ya""哇wa""哪na"に変化することがある。

ǎi 矮 形 (背が) 低い。[56]

àihào 爱好 動 愛好する。(77)●"好"の発音に注意。⇒ "hǎo 好"

āiyā 哎呀 感 おや。あっ。驚きを表す。(87)

B

bā 八 数 8。[16][17]

bǎ 把 量 傘・鍵・椅子など握って使う物を数える。[36][37](87)

ba 吧 助 提案・推量・命令などの語気を表す。[53](67)(95){105}

bàba 爸爸 名 父。お父さん。[36][37](60)(75)

bǎi 百 数 百。[49]

bān 班 名 班。クラス。[39]

bān 搬 動 運ぶ。(97)

bàn 办 動 する。[54](77){101}

bàn 半 数 半。[46](74)

bànfǎ 办法 名 方法。仕方。{101}

bāo 包 動 包む。(ギョーザを)作る。(59)

bǎo 饱 形 満腹だ。{104}

bào 报 名 新聞。(90)●"报纸~zhǐ"とも言う。

bàogào 报告 名 報告。レポート。(87)動 報告する。

bāozi 包子 名 中華饅頭。(63)

bēi 杯 名 コップ。カップ。コップに入れた飲み物を数える。(85)●「コップ」は普通 "杯子~zi" と言う。

běibian 北边 方 北。[38]

Běijīng 北京 名 北京 (ぺきん)。(61)

běn 本 量 冊。書籍を数える。[35][49](60){107}

bǐ 比 動 比べる。介 …に比べて。…より。(91)

bǐ 笔 名 ペン。筆記具の総称。(62)

biàn 遍 量 回。度。最初から最後まで通しての回数を数える。(73)

biǎo 表 名 (腕時計など小さな) 時計。(88)

bié 别 副 …するな。…してはいけない。(65)

biéde 别的 代 ほかの。ほかのもの。ほかのこと。(79)●"的"の後ろに「もの」「こと」「人」が省略される場合がある。

bù 不 副 …でない。…しない。…するな。[13](60)(63){101}●後ろに第4声が続くとき第2声に変調する。また，可能補語の否定形では軽く発音する。

bújiàn 不见 動 会わない。(59)

búyào 不要 副 …するな。…してはいけない。(65)

búyòng 不用 副 …する必要はない。…しなくてよい。(80)

C

cài 菜 图 料理。おかず。[20](68){107}

cāntīng 餐厅 图 レストラン。食堂。(76)

cèsuǒ 厕所 图 便所。トイレ。(76)

chá 茶 图 茶。[26](68)

chà 差 動 不足する。足りない。[46]{105}

cháng 长 形 長い。(81)

cháng 尝 動 味わう。(67)

chàng 唱 動 歌う。(60){108}

chē 车 图 車。[20]

chēzhàn 车站 图 駅。バス停。(89)

chī 吃 動 食べる。[24](59){102}

chídào 迟到 動 遅刻する。(80)

chīfàn 吃饭 動 食事をする。[53](86){107}

chū 出 動 出る。(96)

chuān 穿 動 (衣服や靴などを)身につける。(90)

chuáng 床 图 ベッド。[37](89)

chūfā 出发 動 出発する。(74)

chūlái/chūlai 出来 動 出て来る。(96)● "出"の後ろに "来" が方向補語としてついたもの。

chūntiān 春天 图 春。(88)

chūqù/chūqu 出去 動 出て行く。(96)● "出"の後ろに "去" が方向補語としてついたもの。

chūshēng 出生 動 生まれる。(91)

cì 次 量 回。度。(73)

cídiǎn 词典 图 辞典。辞書。{107}

cóng 从 介 …から。出発点や起点を表す。(80)

cūn 村 图 村。[19]

cuò 错 形 間違っている。{102}

D

dǎ 打 動 ①打つ。(手で打つ球技を)する。(64)②(電話を)かける。(61)③(傘を)さす。(87)

dà 大 形 ①大きい。[16](80)②歳をとっている。[45](81)(91)

dǎgōng 打工 動 アルバイトをする。(78)

dài 带 動 持つ。携える。(87)

dài 戴 動 (帽子やめがねを)身につける。(88)

dàjiā 大家 代 みなさん。[27](58)

dǎjiǎo 打搅 動 邪魔をする。(79)

dào 到 動 着く。至る。…まで。[8](80){102}

dǎrǎo 打扰 動 邪魔をする。(81)● = "dǎjiǎo 打搅"

dǎsǎo 打扫 動 掃除する。(65)

dǎsuàn/dǎsuan 打算 動 …するつもりだ。(71){100}

dàxué 大学 图 大学。[33](92)

dàxuéshēng 大学生 图 大学生。[33]

de 地 助 連用修飾語を作る。{103}

de 的 助 ①…の。…のもの。[29](59)(67){101}{107}● "的" の後ろに「もの」「こと」「人」が省略される場合がある。②断定の語気を表す。[33]{107}③ "是 shì…的"

で過去の事実がいつ・どこで・どのように行われたかを強調する。(91)|107| ●"是"は省略可能。

de 得 [助] ①可能補語を作る。|101| ②状態補語を作る。|105|

děng 等 [動] 待つ。(70)

dì 第 [接頭] 第…。[9](59)|101|

diǎn 点 [量] 時(じ)。時刻を表す。[45](85)

diànhuà 电话 [名] 電話。(61)

diǎnmíng 点名 [動] 点呼する。出席をとる。[8]

diànnǎo 电脑 [名] コンピューター。パソコン。[32]

diǎnr 点儿 [量] 少し。ちょっと。(95) ●="yìdiǎnr 一点儿"

diànshì 电视 [名] テレビ。[39](73)

diànyǐng 电影 [名] 映画。(73)

dìdi 弟弟 [名] 弟。[36](60)

dǐng 顶 [量] 帽子を数える。(83)

dìtú 地图 [名] 地図。[40]

dǒng 懂 [動] 分かる。理解する。[21]|102|

dōngbian 东边 [方] 東。[38]

dōngtiān 冬天 [名] 冬。(85)

dōngxi 东西 [名] 物。品物。[54](79)

dōu 都 [副] すべて。みな。どちらも。[29](68)(75)|105|

dú 读 [動] 読む。(64)

duì 对 [形] 正しい。[16](83)|106|

duìbuqǐ 对不起 [動] 申し訳がたたない。すみません。[13]|103|

duìdeqǐ 对得起 [動] 申し訳がたつ。

|103|

duō 多 [形] 多い。[38](67)|102| [副] ①多く。[25](58)(67)|100| ②何と。(81)|106| [疑] どれくらい。[45](81)

duōshao 多少 [疑] いくつ。数を尋ねる。[39][41](96) ●一般に数が多いと思われるときに使う。

dùzi 肚子 [名] 腹。[53](85)

E

è 饿 [形] 空腹だ。[14][53](85)

èr 二 [数] 2。[13](92) ●「2番目」という意味。

érhuà 儿化 [動] アル化(する)。音節末尾で舌先をそり上げる現象。[34](61)

értóng 儿童 [名] 児童。(61)

èryuè 二月 [名] 2月。[17]

érzi 儿子 [名] 息子。(60)

F

fàn 饭 [名] ご飯。食事。(76) ●「米の飯」と「食事」の意味を表す。

fàng 放 [動] 置く。(76)

fángjiān 房间 [名] 部屋。[37](78)

fēicháng 非常 [副] 非常に。[22](59)

fēijī 飞机 [名] 飛行機。(92)

fēn 分 [量] ①分。時刻・時間の単位。[45]②分。中国の貨幣の単位。0.01元。[50]

fēng 风 [名] 風。(88)

fēngjǐng 风景 [名] 風景。景色。(81)

fùjìn 附近 图 付近。近所。[33](69)
fùmǔ 父母 图 父母。両親。(75)|103|

G

gàn 干 動 する。やる。[54](73)(87)

gānbēi 干杯 動 乾杯する。(77)●"干"の発音に注意。⇒"gàn 干"

gānjìng 干净 形 清潔だ。きれいだ。|104| ●"干"の発音に注意。⇒"gàn 干"

gāo 高 形 高い。[16](77)

Gāocūn 高村 图 高村（たかむら）。日本人の姓。[27]

Gāocūn Lǐměi 高村里美 图 高村里美（たかむら・さとみ）。日本人の姓名。[8][25](58)(69)

gāoxìng 高兴 形 嬉しい。楽しい。[22][25](58)

gē 歌 图 歌。(60)|108|

ge/gè 个 量 物や人を数える。[33](73)

gēge 哥哥 图 兄。お兄さん。[33](60)

gěi 给 動 与える。(60)●「誰々に何々を与える」のように目的語を2つとることができる。介 (誰々)に。(59)

gēn 跟 介 …と。(75) 接 …と〜。

gèzi 个子 图 背丈。身長。[40](77)

gōngsī 公司 图 会社。(75)

gōngyuán 公园 图 公園。(38)

gōngzuò 工作 動 働く。(75) 图 仕事。[54](97)

gǒu 狗 图 犬。(93)

guā 刮 動 （風が）吹く。(88)

guānxi/guānxì 关系 图 関係。[13]|103|

guānzhào 关照 動 面倒をみる。[25](58)(81)

guì 贵 形 （値段が）高い。[49](93)|106|

guìxìng 贵姓 图 お名前。[27]●相手の姓を丁寧に尋ねるときに用いる。

guó 国 图 国。[32]

guò 过 動 ①過ぎる。(97) ②過ごす。（誕生日などを）祝う。(95)

guo 过 助 …したことがある。(71)

guòjiǎng 过奖 動 ほめすぎる。|105|

guòlái/guòlai 过来 動 通り過ぎて来る。（こちらに）やって来る。(97) ●"过"の後ろに"来"が方向補語としてついたもの。

guòqù/guòqu 过去 動 通り過ぎて行く。（そちらに）行く。(97) ●"过"の後ろに"去"が方向補語としてついたもの。

H

hái 还 副 ①まだ。さらに。(67) ②まだ（…ない）。(84)|101|

hǎi'ōu 海鸥 图 かもめ。[19]

háishi 还是 接 それとも。(63) 副

háizi 孩子 名 子ども。[40](70)
hànbǎobāo 汉堡包 名 ハンバーガー。(82) ● "汉堡" はドイツの「ハンブルク」に由来する。
Hánguó 韩国 名 韓国。[39](77)
Hányǔ 韩语 名 韓国語。(66) ● "韩国语 Hánguóyǔ" とも言う。
Hànyǔ 汉语 名 中国語。[11][29](58)(65)|100|105| ●漢民族の言語。
hǎo 好 形 ①よい。[22](59)|102||105| ②元気だ。[8][9](58)(59)|100|
hào 号 名 ①日。[17]②…番。…号。番号を表す。[51]
hǎochī 好吃 形 （食べ物が）おいしい。(67)
hǎohē 好喝 形 （飲み物が）おいしい。(70)
hǎojiǔ 好久 形 とても久しい。長い間。(59)
hǎokàn 好看 形 きれいだ。美しい。(94)|106|
hàomǎ 号码 名 番号。[41]
hē 喝 動 飲む。(24)(60)|102|
hé 和 接 …と〜。[37] 介 …と。(77)
hé 河 名 川。[36]
hěn 很 副 とても。[12][21](58)(59)|105|
hóngchá 红茶 名 紅茶。(85)
hóu 猴 名 さる。(93) ●普通は "猴子〜zi" と言う。
hòubian 后边 方 後ろ。[38]
hòutiān 后天 名 明後日。(61)
hóuzi 猴子 名 さる。(93)
hǔ 虎 名 虎。(93) ●普通は "老虎 lǎo〜" と言う。
huā 花 名 花。[19](61) 動 使う。費やす。[49]
huà 画 動 描く。(60) 名 絵。絵画。(60)
huà 话 名 話。言葉。|102|
huábīng 滑冰 動 スケートをする。(64)
huán 还 動 返す。(77) ●発音に注意。⇒ "hái 还"
huí 回 動 帰る。(97)
huì 会 助動 （技術を身につけて）…することができる。(63)
huìhuà 会话 動 会話する。|105|
huíjiā 回家 動 帰宅する。(65)(87)
huílái/huílai 回来 動 帰って来る。(97) ● "回" の後ろに "来" が方向補語としてついたもの。
huíqù/huíqu 回去 動 帰って行く。(97) ● "回" の後ろに "去" が方向補語としてついたもの。
huítóu 回头 副 のちほど。(61)

J

jī 鸡 名 鶏。[16](91)
jǐ 几 疑 いくつ。数を尋ねる。[37](74) ●一般に数が少ないと思われ

るときに使う。

jiā 家 名 家。家庭。[26][33](59) 量 商店や会社を数える。(75)

jiàn 见 動 会う。[20](59)

jiàn 件 量 事柄・衣服・プレゼントを数える。[35](83){108}

jiǎng 讲 動 話す。言う。{106}

jiànkāng 健康 形 健康だ。(97)

jiāo 教 動 教える。(63)● 「誰々に何々を教える」のように目的語を2つとることができる。

jiǎo 角 量 角(かく)。中国の貨幣の単位。0.10 元。[50]●話し言葉では"毛 máo"を使う。

jiào 叫 動 …という名前だ。[25](58)●フルネームを言うときに使う。

jiàoshì 教室 名 教室。[38](77)●"教"の発音に注意。⇒ "jiāo 教"

jiǎozi 饺子 名 ギョーザ。[26](59)

jiāwù 家务 名 家事。(75)

jiéhūn 结婚 動 結婚する。(86)

jiějie 姐姐 名 姉。お姉さん。[36](60)

jiěmèi 姐妹 名 姉妹。[33]

jièshào 介绍 動 紹介する。(62)

jìn 进 動 入る。[27](95)

jīngcháng 经常 副 よく。しばしば。しょっちゅう。(88)

jìnlái/jìnlai 进来 動 入って来る。(95)● "进"の後ろに"来"が方向補語としてついたもの。

jīnnián 今年 名 今年。[47](74)

jìnqù/jìnqu 进去 動 入って行く。(96)● "进"の後ろに"去"が方向補語としてついたもの。

jīntiān 今天 名 今日。[41](64)(95){101}

jīqì/jīqi 机器 名 機械。[16]

jiǔ 九 数 9。[17](91)

jiǔ 酒 名 酒。[19]

jiù 就 副 ①すぐ。すぐに。(69)②それでは。(67)③…こそが。(69)

jìxù 继续 動 継続する。続ける。{100}

jǐyuè 几月 疑 何月。[41](74)

jù 句 量 句。文や言葉を数える。[19]{102}

juéde 觉得 動 感じる。思う。{105}

K

kāfēi 咖啡 名 コーヒー。(60)●英語"coffee"の音訳。

kāishǐ 开始 動 開始する。始める。始まる。[8]

kàn 看 動 ①見る。(65){102}②会う。(様子を見に)訪ねる。[54](64)

kě 渴 形 のどがかわいている。[24]

kè 刻 量 15分。[46]

kè 课 名 課。[9](59){101}

kèběn 课本 名 教科書。テキスト。[29]{107}

kělè 可乐 名 コーラ。(74)●英語"cola"の音訳。"乐"の発音に注意。

⇒ "yīnyuè 音乐"

kèqi 客气 動 遠慮する。[13](66)(67) 形 丁重だ。(81)

kèwén 课文 名 教科書の本文。[9](59)|101|

kěyǐ 可以 助動 …してもよい。(64)

kǒngpà 恐怕 副 おそらく。たぶん。|101|

kǒu 口 量 家族の人数を数える。[37]

kuài 块 量 元（げん）。中国の貨幣の単位。[49](93)

kuài 快 形（速度が）速い。(96)|106| 副 はやく。急いで。(95)

kuàilè 快乐 形 楽しい。愉快だ。(95) ●"乐"の発音に注意。⇒ "yīnyuè 音乐"

kùn 困 形 眠い。[24]

L

la 啦 助 "了 le" と "啊 a" の合音。|107|

lái 来 動 来る。[16](59)(95)|102||105|

lāmiàn 拉面 名 ラーメン。(86)

lǎohǔ 老虎 名 虎。(93)

lǎoshī 老师 名 先生。[8][9](58)(59)|100||105|

lǎoshǔ 老鼠 名 ねずみ。(93)

le 了 助 ①…した。（すでに）…している。[53](79)(83)|101| ●文末につくものと動詞につくものがある。②…になった。[53](85) ③きっ

ぱりと言い切る語気を表す。[35][53](59)|107|

lèi 累 形 疲れている。[21]|104|

lěng 冷 形 冷たい。寒い。[20](78)

lí 梨 名 梨。[34]

Lǐ 李 名 李（り）。中国人の姓。[26][41](59)|100||105|

lǐ/li 里 方 中。[37](75)

liǎng 两 数 2つ。[34][45](73)

liángkuai 凉快 形 涼しい。(68)

liànxí 练习 名 練習。[12](62)|104| 動 練習する。|105|

lǐbian 里边 方 中。[38](78)

Lǐ Jiàn 李健 名 李健（り・けん）。中国人の姓名。[25](58)(69)

Lǐměi 里美 名 里美（さとみ）。日本人の名前。[8][9](58)(59)|100||105|

líng ○ 数 0。[35][41](92)

líng 零 数 零。0。[51]

liù 六 数 6。[17](91)

liúxué 留学 動 留学する。|100|

liúxuéshēng 留学生 名 留学生。[55]

lǐwù 礼物 名 プレゼント。(89)

lóng 龙 名 竜。[20](92)

lún 轮 量 年齢差のひと回り。12歳。(91)

M

mǎ 马 名 馬。[10](93)

ma 吗 助 …か？疑問の語気を表す。[21](59)|101|

máfan 麻烦 動 面倒をかける。(81)

mǎi 买 動 買う。[43](68)(79){102}

mài 卖 動 売る。{102}

māma 妈妈 名 母。お母さん。[36][37](60)(75)

màn 慢 形（速度が）遅い。[20](96){101}

máng 忙 形 忙しい。[20][53](85)

māo 猫 名 猫。[19](89)

máo 毛 量 角（かく）。中国の貨幣の単位。0.10 元。[50]

màozi 帽子 名 帽子。(83)

mǎshàng 马上 副 すぐ。すぐに。(69)

méi 没 動 持っていない。…がない。…がいない。[13](74)(93){101} 副 …しなかった。…していない。…したことがない。(72)(83){101}

měi 美 形 美しい。[81]{106}

mèimei 妹妹 名 妹。[36](60)

měishùguǎn 美术馆 名 美術館。[40]

měi tiān 每天 名 毎日。{105}

méi yìsi 没意思 形 つまらない。{107}

méiyǒu/méiyou 没有 動 持っていない。…がない。…がいない。[34](85)(93)●後ろに言葉が続く場合は単に"没"とも言う。副 …しなかった。…していない。…したことがない。(71)(84)●後ろに言葉が続く場合は単に"没"とも言う。

men 们 接尾 …たち。[8][27]

miànbāo 面包 名 パン。(64)

miàntiáo 面条 名 うどん。めん類。

(60)

mǐfàn 米饭 名 米の飯。(64)

míngbai 明白 動 分かる。はっきり知る。[24][81] 形 明白だ。

míngnián 明年 名 来年。(71){100}

míngtiān 明天 名 明日。[44](59)

míngzi 名字 名 名前。[27]

N

ná 拿 動 持つ。(手に)取る。(97)

nǎ 哪 疑 どれ。どの。[30](91)

nà 那 代 それ。あれ。その。あの。[30](68) 接 それでは。[53](59){101}

na 哪 助 "啊 a"が直前の音によって変化したもの。{106}●発音に注意。⇒"nǎ 哪"

nǎge/něige 哪个 疑 どれ。どの。[50](96)

nàge/nèige 那个 代 それ。あれ。その。あの。[50](93)

nǎinai 奶奶 名 祖母。おばあさん。[36]

nǎlǐ/nǎli 哪里 疑 どこ。[34](76)●="nǎr 哪儿"

nàlǐ/nàli 那里 代 そこ。あそこ。[34](76)●="nàr 那儿"

nàme 那么 代 そのように。そんなに。[54]{106} 接 それでは。(63)●単に"那"とも言う。

nán 男 形 男の。[43](81)

nán 难 形 難しい。(63)

nánbian 南边 方 南。[38]

nǎr 哪儿 疑 どこ。[33](61)(75)
nàr 那儿 代 そこ。あそこ。[34](61)
nǎxiē 哪些 疑 どれとどれ。どれとどの。[30]
nàxiē 那些 代 それら。あれら。それらの。あれらの。[30]
nàyàng 那样 代 そのようである。[54]
ne 呢 助 ①…は？(59) ②答えを求める語気を表す。(77) ③進行を表す。(76)(87)|105|
néng 能 助動(能力や可能性があって)…することができる。(64)
ǹg 嗯 感 うん。はい。承諾を表す。(95)
nǐ 你 代 あなた。[9](59)|100||101|
nián 年 名 年。[35](73)(91)
niánjí 年级 名 学年。…年生。[33]
niánjì 年纪 名 年齢。[45](81)
niǎo 鸟 名 鳥。(89)
nǐmen 你们 代 あなたたち。[27][29](58)(65)
nín 您 代 あなた。丁寧な言い方。[25](59)|100|
niú 牛 名 牛。(93)
niúnǎi 牛奶 名 牛乳。(62)
nǚ 女 形 女の。[43](81)
nuǎnhuo 暖和 形 暖かい。(68)● "和"の発音に注意。⇒ "hé 和"
nǚ'ér 女儿 名 娘。(60)
nǔlì 努力 動 努力する。励む。|100|

O

ò 哦 感 ははん。納得を表す。(91)

P

pà 怕 動 恐れる。[16]
pàng 胖 形 太っている。(93)
pángbiān 旁边 方 横。隣。[38](76)
pǎo 跑 動 走る。(97)|106|
péngyou 朋友 名 友人。友だち。(62)
piányi 便宜 形 (値段が)安い。[49](93)
piào 票 名 チケット。切符。[36]
piàoliang 漂亮 形 きれいだ。美しい。(83)
píng'ān 平安 形 平安だ。無事だ。[19](97)
píngguǒ 苹果 名 りんご。[34]
pīngpāngqiú 乒乓球 名 卓球。(77)
pīnyīn 拼音 動 ピンイン。中国語の発音をローマ字で表すこと。[10]
pǔtōnghuà 普通话 名 中国語の共通語。[11](61)

Q

qī 七 数 7。[16][17]
qǐ 起 動 起きる。(97)
qiān 千 数 千。[49]
qián 钱 名 お金。[20][49](96)
qiánbāo 钱包 名 財布。(88)
qiānbǐ 铅笔 名 鉛筆。(89)
qiánbian 前边 方 前。[38]
qiántiān 前天 名 一昨日。(85)

qǐlái/qǐlai 起来 動 起きる。起き上がる。(97) ●"起"の後ろに"来"が方向補語としてついたもの。

qǐng 请 動 どうぞ。どうぞ…してください。[25] (58) (76) (79) |100|

qīngchu 清楚 形 明らかだ。はっきりしている。|104|

qǐngwèn 请问 動 お尋ねする。[56]

qiūtiān 秋天 名 秋。(88)

qīyuè 七月 名 7月。[42]

qù 去 動 行く。[24] [53] (62) (71) (96) |100| |102|

qún 群 量 群（むれ）。[19]

qùnián 去年 名 去年。昨年。(85)

R

rè 热 形 熱い。暑い。[20] (85)

rén 人 名 人。[32] [37]

rènshi 认识 動 （人を）知る。（人を）知っている。[25] (58)

rì 日 名 日。[42] ●話し言葉では"号 hào"を使う。

Rìběn 日本 名 日本。[28] (72)

Rìběncài 日本菜 名 日本料理。(74)

Rìběnrén 日本人 名 日本人。[29]

Rìwén 日文 名 日本語。[49]

Rìyǔ 日语 名 日本語。[32] (65)

rìyuán 日元 名 円。日本円。[49]

ròu 肉 名 肉。(66)

S

sān 三 数 3。[17]

sǎn 伞 名 傘。[36] (87)

sānyuè 三月 名 3月。[17] (71)

shāfā 沙发 名 ソファー。[90] ●英語"sofa"の音訳。

shān 山 名 山。[36]

shàng 上 方 ①上。[38] (88) ②前(の)。(92) 動 上がる。上る。(96)

shàngbian 上边 方 上。[38]

shāngdiàn 商店 名 商店。[54]

Shànghǎi 上海 名 上海（しゃんはい）。(76)

shàngkè 上课 動 授業が始まる。授業に出る。[8] [47]

shànglái/shànglai 上来 動 上がって来る。(96) ●"上"の後ろに"来"が方向補語としてついたもの。

shàngqù/shàngqu 上去 動 上がって行く。(96) ●"上"の後ろに"去"が方向補語としてついたもの。

shàngwǔ 上午 名 午前。(82)

shǎo 少 形 少ない。(81)

shé 蛇 名 蛇。[20] (93)

shéi/shuí 谁 疑 誰。[29] (68) |106|

shēngrì 生日 名 誕生日。[41] (95)

shénme 什么 疑 何。何の。どんな。[25] (60) (71) |103|

shēntǐ 身体 名 体。身体。[54] (97)

shí 十 数 10。[17] (85)

shì 事 名 事。用事。[35] (61) (79) |103|

shì 试 動 試す。試みる。(63)

shì 是 動 そうである。…である。[15] (29) (64) (91) |106|

shí'èryuè 十二月 名 12月。[17]

shíhou 时候 图 時（とき）。[47] (71)
shíjiān 时间 图 時間。(79) |105|
shítáng 食堂 图 食堂。[53]
shíyīyuè 十一月 图 11月。[17]
shíyuè 十月 图 10月。[17]
shǒu 手 图 手。[19]
shòu 瘦 形 痩せている。(93)
shǒudū 首都 图 首都。(77) ● "都"の発音に注意。⇒ "dōu 都"
shǒujī 手机 图 携帯電話。[34] [41]
shū 书 图 本。書物。[31] [49] (60)
shǔ 属 動 ①属する。②（干支を言うときの）…年である。(91)
shǔ 鼠 图 ねずみ。(93) ● 普通は "老鼠 lǎo～" と言う。
shūbāo 书包 图 かばん。(77)
shūdiàn 书店 图 書店。本屋。(69)
shūfu 舒服 形 心地よい。|107|
shuǐ 水 图 水。[19]
shuǐguǒ 水果 图 果物。(68)
shuǐjiǎo 水饺 图 水ギョーザ。ゆでギョーザ。(67)
shùnlì 顺利 形 順調だ。(97)
shuō 说 動 話す。言う。(64) |102| |105|
shuōhuà 说话 動 話をする。[55] (65)
sì 四 数 4。[17]
sìyuè 四月 图 4月。[17]
sòng 送 動 ①送る。見送る。(87) ②贈る。プレゼントする。(89) ●「誰々に何々を贈る」のように目的語を2つとることができる。
suì 岁 量 歳（さい）。年齢を数える。[45] (91)
suìshu 岁数 图 年齢。[47] ● = "niánjì 年纪"

T

tā 他 代 彼。[27] [29] (64) (91) |106|
tā 她 代 彼女。[27] (69)
tǎ 塔 图 塔。[16]
tái 台 量 台。機械を数える。[38]
tài 太 副 はなはだ。あまりにも。[22] [55] (59) |107|
Táiwān 台湾 图 台湾（たいわん）。(92)
tāmen 他们 代 彼ら。[30] (75)
tāmen 她们 代 彼女ら。[30] |107|
tǎng 躺 動 横たわる。[90]
tàng 趟 量 回。度。行く回数や来る回数を数える。(71)
téng 疼 形 痛い。[54]
tiān 天 图 日。[43]
tiānqì 天气 图 天気。気候。[55]
tiáo 条 量 細長い物を数える。[35]
tīng 听 動 聞く。(72) |102|
tóngxué 同学 图 同級生。[8] [27] [29]
tóuténg 头疼 形 頭痛がする。[54]
tù 兔 图 うさぎ。(93) ● 普通は "兔子 ～zi" と言う。
túshūguǎn 图书馆 图 図書館。[40]
tùzi 兔子 图 うさぎ。(93)

W

wa 哇 助 "啊 a"が直前の音によって変化したもの。|106|
wàibian 外边 方 外。[38](78)(87)
wán 完 動 終える。終わる。|101|
wǎn 晚 形 （時刻が）おそい。(96) |102|
wǎn 碗 名 碗。碗に入れた食べ物を数える。(85)
wàn 万 数 万。[19][49]
wǎnfàn 晚饭 名 夕食。(98)
wǎngqiú 网球 名 テニス。(64)
wánr 玩儿 動 遊ぶ。(59)
wǎnshang 晚上 名 夜。晚。(98)
wèidào/wèidao 味道 名 味。(67)
wèi shénme 为什么 疑 なぜ。どうして。(65)
wèntí 问题 名 問題。|103|
wǒ 我 代 私。[21](58)(59)|100| |101|
wǒmen 我们 代 私たち。[8](29)(65)(87)
wǔ 五 数 5。[14][17]
wǔfàn 午饭 名 昼食。(84)

X

xǐ 洗 動 洗う。(90)|104|
xià 下 方 ①下。②次（の）。(61) 動 ①下る。降りる。(96)②（雨や雪が）降る。(80)(87)
xiàbian 下边 方 下。[38]
xiàkè 下课 動 授業が終わる。(47)
xiàlái/xiàlai 下来 動 下って来る。(96)● "下"の後ろに "来" が方向補語としてついたもの。
xiān 先 副 先に。まず。[8][20](67)
xiǎng 想 動 ①思う。考える。(72) |104| ②…したいと思う。…したい。(71)
xiànzài 现在 名 いま。現在。[8][45](58)
xiǎo 小 形 ①小さい。[43](80) ②若い。年下だ。(91)
xiǎoshí 小时 名 （60分間としての）時間。[46](73)
xiàqù/xiàqu 下去 動 下って行く。(96)● "下"の後ろに "去" が方向補語としてついたもの。
xiàtiān 夏天 名 夏。(85)
xiàwǔ 下午 名 午後。(79)
xībian 西边 方 西。[38]
xié 鞋 名 くつ。[19]
xiě 写 動 書く。(61)(87)|102|
xiè 谢 動 感謝する。[16]
xièxie 谢谢 動 感謝する。ありがとう。[13](59)|105|
xǐhuan 喜欢 動 好む。好きだ。(59)
xìn 信 名 手紙。(61) 動 信じる。
xíng 行 形 よい。かまわない。[22](77)(79)
xìng 姓 動 …という姓だ。[27]
xīngqī 星期 名 週。[43](61)
xīngqī'èr 星期二 名 火曜日。[42]
xīngqījǐ 星期几 疑 何曜日。[41]
xīngqīliù 星期六 名 土曜日。[42]
xīngqīrì 星期日 名 日曜日。[42]●

= "xīngqītiān 星期天"
xīngqīsān 星期三 名 水曜日。[41]
xīngqīsì 星期四 名 木曜日。[42]（92）
xīngqītiān 星期天 名 日曜日。[42]（62）
xīngqīwǔ 星期五 名 金曜日。[42]
xīngqīyī 星期一 名 月曜日。[42]
xīnkǔ 辛苦 動 苦労する。骨が折れる。(81) |107|
xīnnián 新年 名 新年。(97)
xiōngdì 兄弟 名 兄弟。[33]
xiūxi 休息 動 休憩する。休む。[47]（65）
xīwàng 希望 動 希望する。|100|
xué 学 動 学ぶ。[54](72) |102| |105|
xuě 雪 名 雪。[19](90)
xuésheng/xuéshēng 学生 名 学生。[33](64)
xuéxí 学习 動 学習する。学ぶ。[47](58)(66) |100| |105| 名 学習。[53]
xuéxiào 学校 名 学校。[33](69)

Y

ya 呀 助 "啊 a" が直前の音によって変化したもの。|106|
yán 盐 名 塩。[20]
yáng 羊 名 羊。[20](93)
yǎnjìng 眼镜 名 めがね。(88)
yào 药 名 薬。薬品。[19]
yào 要 動 ①要る。ほしい。[43](80) ②（時間やお金を）要する。

(80) 助動 …したい。…しなければならない。…しようとする。(79)(80)
yàojǐn 要紧 形 深刻だ。(87)
yàoshi 钥匙 名 鍵。キー。[40](89)
yě 也 副 …も。…もまた。[23][25](59)
yéye 爷爷 名 祖父。おじいさん。[36]
yī 一 数 ① 1。[9](60)(71) ● 後ろに第1声・第2声・第3声が続くとき第4声に変調する。また，後ろに第4声が続くとき第2声に変調する。ただし，「1番目」という意味で使われた場合や数字を1つずつ読む場合は変調しない。②（1音節の動詞の重ね型の中間に入れて）ちょっと…する。…してみる。(63) ● 軽く発音する。また，省略可能。
yì 亿 数 億。[51]
yìdiǎnr 一点儿 数量 少し。ちょっと。(61)(67)
yídìng 一定 副 必ず。きっと。|105|
yīfu 衣服 名 服。衣服。(83)
yíhuìr/yìhuǐr 一会儿 数量 しばらく。少しの間。(62)(79)
yǐjīng 已经 副 すでに。もう。(84) |101|
yíkuàir 一块儿 副 一緒に。(61) ● = "yìqǐ 一起"
yílù 一路 名 道中。(97)
Yīngyǔ 英语 名 英語。(64)

yínháng 银行 名 銀行。(76)●"行"の発音に注意。⇒ "xíng 行"

yīnyuè 音乐 名 音楽。(72)●"乐"の発音に注意。⇒ "kělè 可乐" "kuàilè 快乐"

yìqǐ 一起 副 一緒に。(75)|108|

yíxià 一下 数量 ちょっと(…する)。(68)

yíyàng 一样 形 同じだ。(77)

yīyuè 一月 名 1月。[17]

yǐzi 椅子 名 椅子。[37](88)●背もたれのある椅子を指す。

yǒu 有 動 持っている。…がある。…がいる。[33](67)|105|

yòubian 右边 方 右。[38]

yǒu yìsi 有意思 形 おもしろい。|105|

yóuyǒng 游泳 動 水泳をする。(64)

yú 鱼 名 魚。[14](66)

yǔ 雨 名 雨。[19](80)(87)

yuán 元 量 元(げん)。中国の貨幣の単位。[50]●話し言葉では"块 kuài"を使う。

yuǎn 远 形 遠い。|105|

yuè 月 名 月。[19][49]

Z

zài 再 副 再び。[20](73)(79)

zài 在 動 (どこどこに)ある。(どこどこに)いる。[15][33](69) 介 (どこどこ)で。(どこどこ)に。(75)(76)副 …している(ところだ)。進行を表す。(76)(87)

zàijiàn 再见 動 また会う。さようなら。[9](61)

zánmen 咱们 代 私たち。話し相手を含んだ言い方。[30][55]|105|

zǎo 早 形 早い。[12](96)|106|

zǎofàn 早饭 名 朝食。(98)

zǎoshang 早上 名 朝。(97)

zázhì 杂志 名 雑誌。[40](85)

zěnme 怎么 疑 ①どのように。[53](63)|101|②なぜ。どうして。(65)|106|

zěnmeyàng 怎么样 疑 どのようであるか。[53](59)|106|●"怎样"とも言う。

zhàn 站 名 駅。(70)動 立つ。(88)

zhāng 张 量 紙・ベッド・机など平らな面を持った物を数える。[35][37](89)

zhǎo 找 動 ①さがす。(88)|102|②(人を)訪ねる。|105|

zhè 这 代 これ。この。[20][29](68)|102|

zhe 着 助 …している。状態の持続を表す。(87)

zhège/zhèige 这个 代 これ。この。[50](64)

zhèlǐ/zhèli 这里 代 ここ。[34](76)●="zhèr 这儿"

zhème 这么 代 このように。こんなに。[54]|106|

zhēn 真 形 本当の。[41]副 本当に。(67)

zhèr 这儿 代 ここ。[34](61)

zhèxiē 这些 代 これら。これらの。[30](68)

zhèyàng 这样 代 このようである。[54](69)

zhī 支 量 棒状の物を数える。(62)

zhī 只 量 動物を数える。(89)

zhǐ 纸 名 紙。[35]

zhīdào/zhīdao 知道 動 知る。知っている。[23](65)|108|

zhǐjiào 指教 動 指導する。|100| ● "教"の発音に注意。⇒ "jiāo 教"

zhōng 钟 名 ①鐘。②（置き時計など大きめの）時計。③時間・時刻を表す語の後ろに置く。[46]

Zhōngguó 中国 名 中国。[26](59)|100|

Zhōngguócài 中国菜 名 中国料理。(70)

Zhōngguórén 中国人 名 中国人。[31]|108|

Zhōngwén 中文 名 中国語。[49]

zhū 猪 名 豚。(93)

zhù 住 動 住む。泊まる。(76)

zhù 祝 動 祈る。願う。(95)

zhuōzi 桌子 名 机。テーブル。[37](89)

zì 字 名 字。(64)

zìjǐ 自己 代 自分（で）。(67)

zǒu 走 動 歩く。行く。出かける。[47][53](79)|104|

zuì 最 副 最も。一番。[50](96)

zuìjìn 最近 名 最近。[21](59)

zuò 坐 動 ①座る。[27](69)(79)②（乗り物に）乗る。(92)

zuò 座 量 山などどっしりとした物を数える。[36]

zuò 做 動 ①作る。(68)|107|②する。(75)|101|

zuǒbian 左边 方 左。[38]

zuótiān 昨天 名 昨日。[44](68)(83)|107|

zuòyè 作业 名 宿題。課題。(80)|101|

zuǒyòu 左右 名 ①左右。②…ぐらい。[49]

音節表

母音\子音	a	o	e	-i	er	ai	ei	ao	ou	an	en	ang	eng	ong	i	ia	ie	iao	iou
b	ba	bo				bai	bei	bao		ban	ben	bang	beng		bi		bie	biao	
p	pa	po				pai	pei	pao	pou	pan	pen	pang	peng		pi		pie	piao	
m	ma	mo	me			mai	mei	mao	mou	man	men	mang	meng		mi		mie	miao	miu
f	fa	fo					fei		fou	fan	fen	fang	feng						
d	da		de			dai	dei	dao	dou	dan	den	dang	deng	dong	di	dia	die	diao	diu
t	ta		te			tai		tao	tou	tan		tang	teng	tong	ti		tie	tiao	
n	na		ne			nai	nei	nao	nou	nan	nen	nang	neng	nong	ni		nie	niao	niu
l	la	lo	le			lai	lei	lao	lou	lan		lang	leng	long	li	lia	lie	liao	liu
g	ga		ge			gai	gei	gao	gou	gan	gen	gang	geng	gong					
k	ka		ke			kai	kei	kao	kou	kan	ken	kang	keng	kong					
h	ha		he			hai	hei	hao	hou	han	hen	hang	heng	hong					
j															ji	jia	jie	jiao	jiu
q															qi	qia	qie	qiao	qiu
x															xi	xia	xie	xiao	xiu
zh	zha		zhe	zhi		zhai	zhei	zhao	zhou	zhan	zhen	zhang	zheng	zhong					
ch	cha		che	chi		chai		chao	chou	chan	chen	chang	cheng	chong					
sh	sha		she	shi		shai	shei	shao	shou	shan	shen	shang	sheng						
r			re	ri				rao	rou	ran	ren	rang	reng	rong					
z	za		ze	zi		zai	zei	zao	zou	zan	zen	zang	zeng	zong					
c	ca		ce	ci		cai		cao	cou	can	cen	cang	ceng	cong					
s	sa		se	si		sai		sao	sou	san	sen	sang	seng	song					
ゼロ	a	o	e		er	ai	ei	ao	ou	an	en	ang	eng		yi	ya	ye	yao	you

	ian	in	iang	ing	iong	u	ua	uo	uai	uei	uan	uen	uang	ueng	ü	üe	üan	ün
b	bian	bin		bing		bu												
p	pian	pin		ping		pu												
m	mian	min		ming		mu												
f						fu												
d	dian			ding		du		duo		dui	duan	dun						
t	tian			ting		tu		tuo		tui	tuan	tun						
n	nian	nin	niang	ning		nu		nuo			nuan				nü	nüe		
l	lian	lin	liang	ling		lu		luo			luan	lun			lü	lüe		
g						gu	gua	guo	guai	gui	guan	gun	guang					
k						ku	kua	kuo	kuai	kui	kuan	kun	kuang					
h						hu	hua	huo	huai	hui	huan	hun	huang					
j	jian	jin	jiang	jing	jiong										ju	jue	juan	jun
q	qian	qin	qiang	qing	qiong										qu	que	quan	qun
x	xian	xin	xiang	xing	xiong										xu	xue	xuan	xun
zh						zhu	zhua	zhuo	zhuai	zhui	zhuan	zhun	zhuang					
ch						chu	chua	chuo	chuai	chui	chuan	chun	chuang					
sh						shu	shua	shuo	shuai	shui	shuan	shun	shuang					
r						ru	rua	ruo		rui	ruan	run						
z						zu		zuo		zui	zuan	zun						
c						cu		cuo		cui	cuan	cun						
s						su		suo		sui	suan	sun						
—	yan	yin	yang	ying	yong	wu	wa	wo	wai	wei	wan	wen	wang	weng	yu	yue	yuan	yun

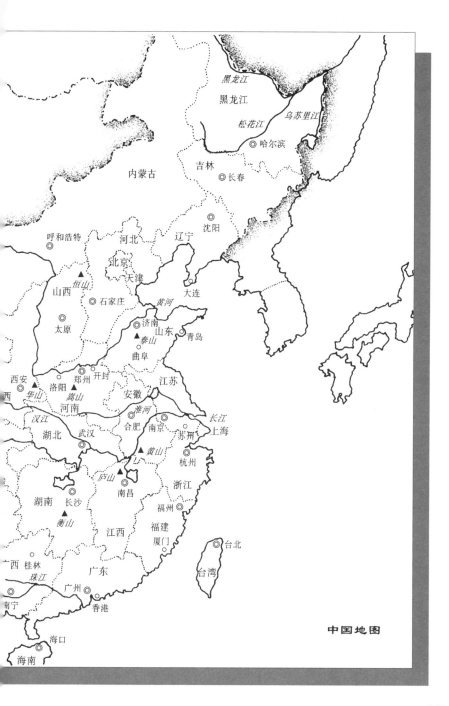

中国地图

小川郁夫　福岡国際大学教授
　　　　　青島大学客員教授

装丁・イラスト：トミタ制作室

初級中国語 I・II ＋補講
2015 年 11 月 5 日　初版印刷
2015 年 11 月 10 日　初版発行

著　者　小川郁夫
発行者　佐藤康夫
発行所　白帝社
　　　　〒 171-0014　東京都豊島区池袋 2-65-1
　　　　電話 03-3986-3271
　　　　FAX 03-3986-3272（営）／ 03-3986-8892（編）
　　　　http://www.hakuteisha.co.jp
組版・印刷　倉敷印刷（株）　　製本　若林製本所

Printed in Japan　〈検印省略〉6914　　ISBN978-4-86398-219-2
ⒸOGAWA IKUO